尽善尽美　弗求弗迪

文案写作与创意策划

苏芯 著

电子工业出版社
Publishing House of Electronics Industry
北京·BEIJING

内 容 简 介

有 1000 名文案工作者在谈创意、谈洞察、谈"10 万+",其中只有 1 名文案工作者的基本功过了关。本书重点讲解了优秀文案工作者必备的 9 种基本功:词汇力、画面力、故事力、感染力、沟通力、金句力、传播力、销售力和逻辑力。这是一本文案写作实用指南,帮读者校准文字,打磨出扎实的基本功。

未经许可,不得以任何方式复制或抄袭本书之部分或全部内容。
版权所有,侵权必究。

图书在版编目(CIP)数据

文案写作与创意策划/苏芯著. —北京:电子工业出版社,2024.5
ISBN 978-7-121-47344-9

Ⅰ.①文… Ⅱ.①苏… Ⅲ.①广告文案–写作②广告文案–策划 Ⅳ.① F713.81

中国国家版本馆 CIP 数据核字(2024)第 042240 号

责任编辑:黄益聪
印　　刷:唐山富达印务有限公司
装　　订:唐山富达印务有限公司
出版发行:电子工业出版社
　　　　　北京市海淀区万寿路 173 信箱　邮编:100036
开　　本:880×1230　1/32　印张:6.75　字数:151 千字
版　　次:2024 年 5 月第 1 版
印　　次:2024 年 5 月第 1 次印刷
定　　价:58.00 元

凡所购买电子工业出版社图书有缺损问题,请向购买书店调换。若书店售缺,请与本社发行部联系,联系及邮购电话:(010)88254888,88258888。
质量投诉请发邮件至 zlts@phei.com.cn,盗版侵权举报请发邮件至 dbqq@phei.com.cn。
本书咨询联系方式:(010)68161512,meidipub@phei.com.cn。

导 言
文案工作者和木匠

关于写作这回事,畅销书作家斯蒂芬·金曾经做过一个有趣的比喻:文字工作者应该像木匠那样,创造属于自己的"工具箱",当遇到艰难任务时,才能一把抓到适用的工具,立刻投入工作。

木匠的工具箱里,装满螺丝钉、锯子、钳子、扳手,而文字工作者的"工具箱"里,则陈列着词汇、语法、修辞、逻辑……有了它们,文字工作者在接到任务时才不会束手无策,而是能利用它们打磨出优秀的作品。

和木工活一样,文案创作也是一门技术活,但它又不止于技术。匠人和商人的区别是,匠人身负精湛手艺,能生产出有价值的作品,而商人却拥有创意与洞察力,能让有价值的作品同时具有商业价值。

一名优秀的文案工作者,往往兼具作家、推销员和心理学家的特质。他要像作家那样拥有遣词造句的功底,对文字高度敏感甚至有癖好;也要像推销员那样,巧舌如簧,懂得包装产品;他还应当熟悉心理学常识,让创意和想法不只是空中楼阁,而是让洞察潜入人心,成为引发大众情绪共鸣的一剂猛药。

想要成为一名文案工作者，门槛很低，理论上，任何一个会写中文的人都可以胜任。但想成为一名优秀的文案工作者，门槛却非常高，因为你不仅需要身怀作家、推销员、心理学家的技能，还要知道得越多越好，你最好讲得出"魏晋山水诗派对盛唐诗歌的影响"，也知道"希腊十字式建筑的受力特点"，能解释"乳糖不耐受症的成因"，还要懂得"机会成本"与"沉没成本"的区别……

只有对世界保持开放的心态和强烈的好奇心，文案工作者才能更好地扮演好沟通使者的角色。而文案工作者的基本功，就是支撑起这一切美好愿望的石柱。

在新媒体时代，对文字作品的优劣做评判有了更加清晰和务实的标准，文章的阅读量能否突破"10万+"，文案的点击转化率、购买转化率有多少，都成为文案工作者需要攻克的一座座现实高地。

但现实却是，有1000名文案工作者在谈创意、谈洞察、谈"10万+"，其中只有1名文案工作者的基本功过了关。基本功不过关的文案工作者，就像拎着空空如也的工具箱的木匠，没有人敢相信他能做出漂亮的木工活。

这本书的主要目标，就是教你如何正确地填满你的"工具箱"，将你对"神文案""10万+"的虚幻热情拉到地表，转化为对基本功的扎实打磨，帮助你真正去了解文字，驯服文字，弄清它的逻辑、规则和"情绪"，创作出令自己和他人都满意的文案作品。

在你创作出好文案之前，你首先要知道，什么才是好文案。本书将通过前9个章节，讲解优秀文案必备的9种基本功：词汇力、画面力、故事力、感染力、沟通力、金句力、传播力、销售力和逻辑力,并通过最后一个章节,教你应对改稿这件小事。

这本书也许不能让你读完后就立刻写出可爱又性感的文字,但希望它能成为一本实用指南,成为你写作时放在手边的一本"词典"或一把"尺子",帮助你校准文字,打磨出扎实的基本功。

目录

Chapter 1
词汇力 / 从鱼缸到海洋   001

- 1 动词是文案的脊梁   003
- 2 名词的精髓在比喻   005
- 3 形容词和副词是毒药   013
- 4 巧用拟声词和方言   015
- 5 文字的韵律和节奏   017
- 6 停止谐音和双关，远离四字箴言   020
- 7 延伸文字触角，跨界积累词汇   020

Chapter 2
画面力 / 避开抽象的雷区   025

- 1 避开"知识的诅咒"，让文案成为"提词器"   027
- 2 画面感能量：动词 > 名词 > 形容词 / 副词   030
- 3 拒绝含混，文案要有透明的质感   032
- 4 用观察力提升文案"颗粒度"   035

Chapter 3
故事力 / 要不要"救猫咪"　　　　　　　　045

1 "救猫咪"思维：让故事活起来　　047
2 洞察有锐度：好故事身上带刺　　050
3 反差设定：卸下平庸的枷锁　　　052
4 善用"原型"：拨动受众心理共振　056
5 "KISS"原则：心智厌倦复杂的信息　058
6 感官原则：开启想象力的闸门　　059

Chapter 4
感染力 / 弗洛伊德的秘密　　　　　　　065

1 受众"三重人格面具"逐个击破　067
2 受众的5种心理需求　　　　　　073
3 制造情绪显微镜　　　　　　　　075
4 人人身上都有"多巴胺按钮"　　077
5 被少女心统治的世界　　　　　　079
6 被释放的表达欲　　　　　　　　080

Chapter 5
沟通力 / 制造记忆提取码   085

    1 SCQA结构：高效沟通的"万能框架"   087

    2 蜥蜴脑法则：改变行为比改变态度容易   090

    3 沟通升级：从线性模式到交流模式   092

    4 心智显著性法则：制造记忆提取码   094

Chapter 6
金句力 / 好文案像猪蹄子   099

    1 押尾韵   102

    2 对比法   103

    3 拆解法   105

    4 比喻法   106

    5 颠倒法   106

    6 反常识法   107

    7 故事法   107

Chapter 7
传播力 / 把聚光灯让给受众　　　　　　　113

　　1 新媒体时代的内容传播逻辑　　　　　114

　　2 信息过滤器原理：抓牢受众注意力　　116

　　3 心理需求原理：让传播针针见血　　　119

　　4 弱刺激原理：提升内容的说服力　　　121

　　5 影响力方程式　　　　　　　　　　　123

　　6 新媒体时代传播的8个趋势　　　　　132

　　7 新媒体传播力的4个关键点　　　　　141

　　8 好的标题是内容成功的一半　　　　　145

Chapter 8
销售力 / 叫好更要叫座　　　　　　　　157

　　1 分析产品属性，选对沟通策略　　　　158

　　2 洞察消费者心理，提升沟通效率　　　161

　　3 提供"竞争性利益"，打磨文案技巧　165

　　4 产品定位：利用"对标物"，逃离
　　　 "知识的诅咒"　　　　　　　　　　166

　　5 产品功能：降低理解成本，越具体越好　168

6 使用场景：场景有正负之分，"细节"
　　　是灵魂　　　　　　　　　　　　　　168
　　7 产品价格：偷换消费者"心理账户"，
　　　轻松撬开钱袋　　　　　　　　　　172

Chapter 9
逻辑力 / 文案的底层架构　　　　　　　177

　　1 理清逻辑的3个要点　　　　　　　　178
　　2 用金字塔图梳理逻辑　　　　　　　　181
　　3 数据更让人信服　　　　　　　　　　184

Chapter 10
改稿这件小事　　　　　　　　　　　　189

　　1 AB测试：用产品思维写文案　　　　 190
　　2 寻找背书：让洞察搭便车　　　　　　192

　　结 语　别偷懒，别耍廉价的花招　　197

Chapter 1

从鱼缸到海洋 词汇力

万丈高楼平地起,文案工作者如何构建丰富的"语言池"?
为什么说动词是文案的脊梁,形容词、副词是毒药?
拟声词和方言有哪些使用技巧?双关和谐音真的好用吗?

想试探一名文案工作者的功底，有一个简单的方法：如果他的文案中剔除掉网络热词和段子之后就不剩下什么了，如果他离开流行语和谐音就无从下笔，那这个人和优秀文案工作者中间一定还隔着 1000 个普通文案工作者。

频繁地在文案中使用网络热词或段子，本质上是一种偷懒和不自信的表现，并且会让文字流露出一种速食感和廉价感。然而除了这些，我们还能写什么呢？

很多时候，我们面对空白的 Word 文档敲不出一个字，不是因为没有洞察、没有创意，而是因为找不到合适的表达方式，正是由于我们的词汇量捉襟见肘，才让写作思路频频掉线。

如果我们的词汇量像一只鱼缸，那注定只能孕育出小鱼和小虾。只有当我们的词汇量丰富得像一片海洋时，才能形成磅礴的生态，孕育出文字的巨鲸。

大部分人对词汇量的观念，还停留在对一种新的语言的学习上。当学习一种新的语言时，我们会刻意关注词汇量的积累和提升，可是对于以文字为职业的人而言，掌握高于常人的词汇量是非常有必要的。

真正的大师可以用儿童也能读懂的白话写出传世之作，但这并不代表他们只有儿童级别的词汇量。实际上，任何一位语言大师都有一个丰盛的"语言池"。

许多文案工作者的双眼被"10 万+"爆款蒙蔽，导致国内业界产生了一个现象：有眼界、懂原理的文案工作者已经很多，但基本功强的文案工作者却太少。眼界与能力之间产生了严重的断层，这就是国内大多数文案工作者面临的残酷现实。

基本功对文字工作者有多重要？作家阿城在谈到丰子恺画作时的话，值得一读：

> 丰子恺到后来常常是一幅画上只画一轮月亮，然后题字"人约黄昏后"，可见对他而言，笔墨已经不重要，画也不重要了，重要的是他在画里给观者开的这个玩笑。而后学者跟随着走到这儿，往往也会步后尘地忽视了笔墨，结果却是走到半空中，摔得很疼。任何一个人都得自己努力去扎根才行。

词汇量就是让一名文案工作者基础得以夯实的前提之一。它的意义并不在于你会使用多少华丽甚至生僻的词语，而是当你想要描述一个产品、一个概念，或是一种情绪时，能从词汇库中找到那个最准确又不流俗的词语。积累足够可观的词汇量是让这一切得以实现的前提。

那么，我们该如何通过有意识的训练，让自己不再对着空白的文档发愁，而是从容运用已有的词汇"排兵布阵"呢？

1. 动词是文案的脊梁

动词是一个句子的脊梁。一个没有动词的句子，就像一个没有穿高跟鞋的女人，了无生趣。文案由句子构成，准确使用动词，能让文案变得生动、鲜活、有力量感，在某种程度上也能折射出文案工作者的观察力。作为一名文案工作者，有义务弄清楚不同动词之间的差异和它所传递出的或明显或暧昧的含义。

先来看看那些优秀的动词使用案例。微信公众号"一条"在给某款主打面部清洁的洁面仪的广告中，写了这样一句标题：

> 1分钟，把毛孔里的脏东西震出来。

一个"震"字，让人仿佛听到洁面仪启动时的嗡嗡声，看到毛孔里的油脂、残妆被抖落的画面。通过一个动词道出产品的功能及效果，比起同类产品"智能焕肤""洁面小旋风"等文案，更能唤起用户立刻购买的冲动。

试想一下，如果你是一家餐厅或是一个美食公众号的文案写作人员，当你需要向食客介绍麻婆豆腐这道菜时，你会怎么写？要写出这道菜的麻辣鲜香，不妨告诉食客它那同样精彩的烹调过程，让食客的食欲随着这个过程慢慢膨胀：

> 炝油，炸盐，煎少许猪肉末加冬菜，再煎一下郫县豆瓣，油红了之后，放豆腐下去，勾兑高汤，盖锅。待豆腐腾的涨起来，起锅，撒生花椒面，青蒜末，葱末，姜末，就上桌了，吃时拌一下，一头汗马上吃出来。

这是阿城在《思乡与蛋白酶》一文中对麻婆豆腐的描写。

"炝""炸""煎""勾兑""撒""拌"等一系列动词还原了整个烹饪过程,显得麻利又有力道,让人几乎能听到肉末下锅煎炸时发出的声音,看见阵阵白烟从锅里腾起。

如果你是一名美食文案写作人员,你的"语言池"里却没有积累相关词汇,很难说你已经用心去观察、了解过美食,你也很难活色生香地把它们推荐给消费者。

> 北京以豌豆制成的食品,最有名的是"豌豆黄"。这东西其实制法很简单,豌豆**熬**烂,去皮,**澄**出细沙,加少量白糖,**摊**开压扁,**切**成5寸×3寸的长方块,再加刀**割**出四方小块,分而不离,以牙签扎取而食。

> 嫩豇豆切寸段,入开水锅**焯**熟,以轻盐稍**腌**,**滗**去盐水,以好酱油、镇江醋、姜、蒜同拌,**滴**香油数滴,可以"渗"酒。炒食亦佳。

以上两段文字是汪曾祺对饮食的描写,同样精彩地运用了动词,"熬""澄""摊""切""割""焯""腌""滗""滴",有缓有急,有重有轻,这是有质感的文字,读起来让人心中生出认真生活、认真饮食的欲望。

2. 名词的精髓在比喻

作为一名职业文案工作者,你是否思考过,为什么女孩子们记不住"兰蔻新精华肌底液""雅诗兰黛特润修护肌透精华露""资生堂红妍肌活精华露",却能把"小黑瓶""小棕瓶""红腰子"挂在嘴边?为什么我们越来越多地听到糖果唇、朝露妆、大地色、气垫腮红、丝绒唇膏、雾面口红这样的彩妆词汇?

稍加分析我们就能明白,这些词语中的大多数,都是形象、简短的名词,这样的词汇更容易被受众记住并流行起来,并且这些名词大部分都使用了比喻的修辞手法,它们用受众熟知的事物,去比喻另一种陌生或不易描绘的事物,在受众的头脑中建立起关联。

使用名词的精髓,在于善用比喻。对文案而言,比喻的本质作用在于降低与受众沟通的成本,提升沟通的效率。一堆陌生的专业词汇或形容词很容易让受众一头雾水,但一个轻盈精准的比喻却能让他们恍然大悟。

如果你是无印良品的文案工作者,你会如何推销一款浴盐?想要浴盐卖得好,先得让人想泡澡。在无印良品所著的《家的要素》一书中,是这样描写泡澡这件事的:

> 对日本人而言,"天堂"就在家里。
> 一处让人不自觉地脱口说出"好舒服!太赞了!"的地方,那就是浴室。
> 在澡盆里注满一整缸清澈的水,
> 全身浸泡的舒服感,
> 对日本人而言,堪称最奢侈的享受。
> 一缸满满的清澈的水,仿佛能洗净现世忧愁,给予满满的润泽。

006　　文案写作与创意策划

> 光着身子，舒服地泡个澡。
> 这里与累积了各种日常生活琐事的家中其他地方有些不太一样，
> 蕴藏着不同于平常的感受。
> 正因如此，才要在这处"天堂"，
> 装设独一无二的卫浴设备，
> 因此若只当这里是一处维持身体清洁的地方，不是太可惜了吗？
> 我们都曾经泡在母亲子宫内的羊水中，然后离开温暖之地，来到世上。
> 浴室可以说就是这么一处地方吧。
> 在暖呼呼的水中重生，转换心情，迎接新的一天。
> 身为家的"要素"之一，这处宛如子宫的温暖之地，让家人每天都能重生。

浴室是让家人每天重生的一处宛如子宫般温暖的地方。没有"让疲惫的身心得以放松"这样老套的描述，而是把浴室比喻为母亲的子宫，让人忘掉生活中的琐事，获得重生。这样的文案足以勾起人们泡澡的欲望，也顺理成章地为推销浴盐埋下伏笔。

作品在全球卖出 3.5 亿册的恐怖小说家斯蒂芬·金曾写道："比喻用到点子上带给我们的喜悦，好比在一群陌生人中遇到一位老朋友一般。将两件看似不相关的事物放在一起比较，有时可以令我们换一种全新且生动的眼光来看待寻常旧事。"

他的作品中常常可以见到有趣的比喻：

> 桑迪有着绿色的眼珠,但此时在皎洁的月光下,看起来却像甲虫的壳一般乌溜溜的。(《宠物公墓》)

见过有人把眼睛比喻为葡萄、水晶的,比喻成甲虫的壳的却是第一次见,毕竟这更符合小说幽暗的氛围。

> 经期腹痛引发了一阵阵痉挛,使她走起来一会儿快一会儿慢,活像一辆汽化器有毛病的汽车。(《魔女卡丽》)

> 狗的嘴和鼻子朝后皱起,就像是一块弄皱了的小地毯。(《杰罗德游戏》)

> 我们挨挨挤挤地回到蔬果区走道,一如挣扎着要游向上游的鲑鱼。(《迷雾》)

善用比喻能让文案变得有趣且更易理解,但比喻也有禁忌。首先,比喻最忌落入俗套。第1个把姑娘比作玫瑰花的人是天才,第100个这样写的就是庸才,因此,诸如"他像疯子一样狂奔""她的眼睛像泉水一样清澈"这样过时的比喻,最好不要出现在我们的作品中。其次,比喻切忌不精准,比如千万不要写出"他木然坐在尸体旁边等待验尸官到来,耐心得仿佛在等一个火鸡三明治",这样的比喻只会让读者感到匪夷所思。最后,比喻切忌缺乏美感。比喻最好优雅一些,具有美感,才不会让读者反感。不然你可能会写出这样的句子来:

> 她的头发在雨中闪烁，就像打喷嚏之后的鼻毛。

> 他们的爱情如此炙热灼人，就像尿路感染一样强烈。

> 她如此依赖他，仿佛她是大肠杆菌菌群，而他是一块温室中的加拿大牛肉一般。

这几句比喻并不俗套，细细想来好像也并非不精准，但问题就在于缺乏美感，作为段子博人一笑尚可，放到较为严肃的商业环境中则显得不合时宜。

如果想提升对比喻修辞的运用水平，我们不妨多向以机智比喻见长的作家学习。

王小波的"我的'自我'滋滋作响……就像火炭上的一滴糖"，阿城的"马帮如极稠的粥，慢慢流向那个山口"，费尔南多·佩索阿的"生活是一场伟大的失眠"，聂鲁达的"你像一只瓮，收容无限的温柔，而无限的遗忘像摇晃一只瓮般摇晃你"，都是令人印象深刻的比喻。在中国古代诗人中，苏轼是非常善用比喻的一个，其《百步洪》中的"有如兔走鹰隼落，骏马下注千丈坡。断弦离柱箭脱手，飞电过隙珠翻荷"四句诗，包含了七个比喻，值得揣摩。

另外，我们完全不必担心向文学家看齐会让商业文案偏离本质，毕竟我们都不该太过高估自己的学习能力，学其上，得其中。永远告诉自己还有很长的路要走，或许才是健康的心态。

学习比喻修辞没有捷径,只有多看多学多练习,并且最重要的是,你应该拥有一种癖痨,它驱使你想方设法让文字变得更美、更有趣,而不是满足于搬运与堆砌。最后再分享几句不俗、精准、优美的比喻,与君共勉。

> 忠厚老实人的恶毒,像饭里的沙砾或者出骨鱼片里未净的刺,给人一种不期待的伤痛。
> ——钱钟书

> 阅读是一座随身携带的避难所。
> ——毛姆

> 假如你有幸年轻时在巴黎生活过,那么你此后一生中不论去到哪里,她都与你同在,因为巴黎是一场流动的盛宴。
> ——海明威

> 在充满香气的凉爽的卧室里,女人们躲避阳光就像躲避瘟疫那样。
> ——马尔克斯

> 南方的天空成了豹子牙床似的粉红色。
> ——博尔赫斯

在日常的文案创作中,当我们觉得某些情绪或者产品信息不那么容易向受众传递时，比喻这一修辞往往能给我们搭起一座通往受众心智的桥梁。比如，当你要为一个公益广告撰写文案，呼吁大家花一点时间陪伴老人时，你该如何描写孤独这种情绪，以引起大家对老人的关注？

"孤独跟关节炎一样痛。"这是印度知名广告人 Freddy Birdy 交出的答卷。他将孤独比喻为一种病痛——关节炎，我们需要注意，这则比喻并不是信手写出的，它的精髓在于洞察到了孤独和关节炎之间的共同点。比如，它们都在老年人这一群体中普遍存在；再比如，它们都是"慢性病"，不会要人命，但会带来长久的、难以根除的折磨。

这就是精彩的比喻，文艺但不矫揉，不是为了炫技，而是承载着精准的洞察。

亚里士多德曾说过，"比喻是天才的标志"，足见其对善用比喻者的崇拜。一则精彩的比喻可以降低受众对新鲜事物、抽象情绪的理解成本，把接收信息的过程变得更轻松有趣。

对于商业文案而言，使用比喻这一修辞技巧的关键就在于，必须找到本体和喻体之间的关联，使之合理并令人回味无穷。

回想一下那些我们都听过的故事：一个水果摊的招牌上写着"甜过初恋"，一家网吧的广告是"网速实在太快，请系好安全带"。其中都使用了比喻的手法，诙谐形象。文案大师李奥贝纳有句名言是这样的："伸手摘星，即使徒劳无功，也不会一手污泥。"这句话也运用了浪漫而精巧的比喻，因此被历代广告人传颂。

我曾经接到过一个文案写作的任务，是给一款智能产品写一组海报文案，海报计划在国内一个知名音乐节前 3 天发布，客户的需求是"热血、情怀、富有摇滚精神"，就像千千万万个客户一样，他们用一组形容词提出了一个较为抽象的目标。

我在写作时，就有意识地运用了比喻的修辞。我苦苦思索，摇滚精神像什么呢？能把摇滚音乐节现场比作什么呢？

最后我写出了两句这样的文案：

> 摇滚是一场高级动物的战争，在低音炮火中，浴火重生。

> 摇滚不是痛苦的信仰，它是一种痛并快乐的痒。

这两句文案都使用了知名摇滚歌曲的名字，分别是窦唯的《高级动物》和齐秦的《痛并快乐着》，另外，"痛苦的信仰"也是一支著名摇滚乐队的名字。

在第一句文案中，我把摇滚比喻成一场战争，这是因为在我看来，摇滚和战争具有相似之处，它们都有震耳欲聋的炮火声（只不过摇滚用的是低音炮），场面都很激烈、热血。这是比喻本体和喻体之间的共同点，只有洞察到了这种相似之处，才能使我们的比喻具有说服力。

第二句文案把摇滚比喻成一种"痛并快乐的痒"，它其实是想描述摇滚带给爱好者们的一种感觉：摇滚乐这种音乐并不是那么欢

012　　文案写作与创意策划

快、优雅、从容的，它是宣泄式的、激烈的，是情绪的爆发，所以说它是痛并快乐着的，这种比喻是合理的，并且摇滚乐的吸引力也和痒一样，让人欲罢不能。

3. 形容词和副词是毒药

苍耳，是一种浑身长满小刺的植物果实，它的每个刺的顶端结构都是一个小钩子，就是这种结构，使它可以轻易地钩在动物的皮毛上或者人类的衣物上，被带向远方。在文案写作中使用"苍耳思维"是一种有效的策略，可以使得我们的作品给人留下深刻记忆。

下面，我们来做一个测试：

记住梵·高的《向日葵》。

记住你母亲的拿手菜。

记住"高端"的含义。

记住"至尊"的含义。

上面需要你记忆的四种东西里，"母亲的拿手菜"是最易记的，因为当你记忆它的时候，脑海中会浮现出一个温馨的画面，你会闻见饭菜的香气，甚至听见母亲催促大家开饭的声音，还有电视节目制造的叽叽喳喳的背景音……这些共同形成了五感兼备的场景印象。

记忆梵·高的《向日葵》，你的大脑会联想到明亮的黄色。

而"高端""至尊"这样的词汇，会让你想到什么呢？非常遗憾，几乎没有可以一下子能联想起来的具体事物。

"人类的大脑里好像拥有大量的线圈，一句文案拥有的钩子越多，它在记忆中就越根深蒂固。"（《粘住：为什么我们记住了这些，忘掉了那些》，[美]奇普·希思、丹·希思著）如果我们想让文案给人留下深刻印象，就要使它身上长满"钩子"。

"母亲做的拿手菜"在我们脑中有大量的"钩子"，而"高端"这样的抽象词汇在我们脑海中只有极少的"钩子"，甚至没有。优秀的文案需要像苍耳那样，浑身带钩，紧紧附着在受众的记忆中。

我们想要达到这样的效果，第一步就是尽可能少地使用副词、形容词，比如"高端"和"至尊"，多用具体的名词和动词。

形容词和无用的副词用起来可能不费力，也会使你的文案看上去华丽，但它们其实是文案的一剂毒药。很多时候，形容词和副词只起到了分散注意力的作用，它们是轻浮的，不能在受众脑中扎根。优秀的文案工作者只要写下简练的话语，受众就能领悟其中的含义。

对文案工作者而言，"通往地狱的路是由副词铺就的"，副词是应胆怯的文案工作者的需要而创造出来的，会透露出文案工作者对无法清楚表达自己的意思、说不到点子上，或者讲不清状况的担心。

我们来看一下这样一段描写：

> 更衣室里充满了叫声、回声和水溅在瓷砖上的那种空洞声响。女孩们在热水下伸展和扭动着身躯，水发出类似哭泣的声音，轻拍着她们，细长的肥皂在她们的手中传

来传去。卡丽站在其中，像天鹅群中的一只蛤蟆。她身材矮胖，脖子、后背和臀部长满了小疙瘩，湿头发上没有一点光泽。她只是站在那里，微微垂着头，让水溅到身上，然后顺势流下。她看上去活像一只替罪羊、一个永远的倒霉蛋、一个笨手笨脚总是出错的人，而她确实就是这样一个人。

这是斯蒂芬·金的作品《魔女卡丽》中，对一位拥有特异功能、遭受同学排挤的女孩的描写。整段话通过近乎白描的写法，勾勒出一个内向、自卑、孤单的女孩，"脖子、后背和臀部长满了小疙瘩""垂着头""笨手笨脚总是出错的人"——用不着形容词和副词，一个被孤立的女孩形象就跃然纸上。

4. 巧用拟声词和方言

拟声词和方言的作用就像烹饪时的胡椒面，能让我们的文案变得辛辣、跳脱起来。

2016年，日本品牌优衣库推出了一个短视频，用粤语、四川话、上海话、东北话、闽南语、山东话这6种方言各唱出一段rap，展示不同地域的年轻人对优衣库羽绒服的赞叹。

比如东北话版对羽绒服的形容是"飘轻的，贼拉暖和"，粤语版是"要靓，唔使唔要命"，四川版是"穿上它出切一定嘿热火"（读音），闽南话版是"轻巧吼赞，温暖作伙行"（读音），其实

Chapter 1　词汇力：从鱼缸到海洋　　015

都是在重复"轻盈便携,温暖贴身"这一特性。

在互联网语境下,随着人们自嘲能力的提升,方言开始从一种带着土腥味的语言慢慢变成某种"魔性"又带有"喜感"的存在,既接地气又自带"种子用户",极具话题性。

瑞典知名家居品牌宜家在中国哈尔滨开店时,就在店内推出了一组东北话版的产品介绍文案,并在社交网络上引发讨论:

> 介似嘛?
> 尼斯折叠椅,
> 仅需8厘米空间,就能多招待一个朋友!
> 这根杆子能嘎哈?
> 能挂衣服能晾晒。

"介似嘛"是东北话里"这是什么"的意思,而"能嘎哈"是"能做啥"的意思,这样诙谐的方言文案,让本地人看了很亲切,外地人看了也觉得颇有趣味。

至于拟声词,伊利牛奶曾有一组文案主导的平面广告使用了"咕咚""咔嚓""啾啾"等拟声词,来描述喝牛奶、骨折(不喝牛奶)及牛奶的生产环境三个场景。

譬如在"嘎嘣嘎嘣、咔嚓咔嚓、哎哟哎哟"这一组文案中,内文即是"一天一包伊利纯牛奶,你的骨骼一辈子也不会发出这种声音",道出了伊利牛奶对用户的益处。拟声词自带亲和力,让产品与用户的日常更加贴近,构建起更自然的关联。

5. 文字的韵律和节奏

不少人在提及文案时，会用到语感这个词。听上去有些玄学的意味，但语感好的文案，往往可读性更强，并且更容易被人记住。

语感产生的根源，在于语言本身具有节奏和韵律。我们把那些节奏和韵律都无可挑剔的文字叫作诗，而具有这样特点的文字通常更适合被唱出来，所以我们又把它们叫作诗歌。

在商业文案的范畴里，富有节奏感的文案会让受众更乐意读下去。我们需要让文案像刺刀一样短而尖利，一针见血，而不是像一条被抽掉脊柱的鱼那样黏糊糊、软趴趴，令人生厌。

作家阿城的文章多用精悍的短句，笔力劲道。他曾提到一个让文字富有节奏感的简单诀窍，那就是，巧妙地利用标点符号：

> 标点符号在我的文字里是节奏的作用，而不是语法的作用，当我把"他站起来走过去说"改成"他站起来，走过去，说"，节奏就出现了。

中国语言是以四拍子为基本节奏的，所以我们的成语大都是四字词的。若我把四个字接四个字，拆解成三个字，一个字，接着又是四个字，文字本身，而非内容本身，就有意义和美感了，或者说就能刺激我们对美的感受了。

将句子放大到文章，同样如此。一篇充满长句的文章会让人读来吃力，而当长短句相间并且短句居多时，文章就容易呈现出节奏感。

萧红在《呼兰河传》的开篇写道：

> 严冬一封锁了大地的时候，则大地满地裂着口。从南到北，从东到西，几尺长的，一丈长的，还有好几丈长的，它们毫无方向地，便随时随地，只要严冬一到，大地就裂开口了。

用短而利落的句子，一下勾勒出了北地的酷寒。

阿城在《树王》中描写了一个因一棵大树被砍倒而郁郁寡欢终结生命的男子肖疙瘩，小说的结尾是这样写的：

> 肖疙瘩的骨殖仍埋在原来的葬处。这地方渐渐就长出一片草，生白花。有懂得的人说：这草是药，极是医得刀伤。大家在山上干活时，常常歇下来望，便能看到那棵巨大的树桩，有如人跌破后留下的疤；也能看到那片白花，有如肢体被砍伤，露出白白的骨。

长短相间，长句不臃肿，短句利落，这样的文字，读起来节奏铿锵又意味深长。

在王小波看来，文字是用来读、用来听，而不是用来看的。不懂这一点，就只能写出"充满噪音的文字垃圾"：

看起来黑鸦鸦的一片，都是方块字，念起来就大不相同。诗不光是押韵，还有韵律；散文也有节奏的快慢，或低沉压抑，沉痛无比，或如黄钟大吕，回肠荡气——这才是文字的筋骨所在。[1]

在王小波与妻子李银河的书信散文集《爱你就像爱生命》中，他就写出了无数充满诗意的"文案"，读起来情真意切，就像在撒一个不矫情的娇：

> 我不要孤独，孤独是丑的，令人作呕的，灰色的。我要和你相通，共存，还有你的温暖，都是最迷人的啊！可惜我不漂亮。可是我诚心诚意呢，好吗我？我会爱，入迷，微笑，陶醉。好吗我？

在小说《舅舅情人》里，他借锡兰游方僧之口，讲述异域的魔幻情调，船尾的磷光、长着狗脸的食蟹猴、比车轮还大的莲花、月光下的人鱼……接踵而来的奇幻意象令人着迷：

> 他说月圆的夜晚航行在热带的海面上，船尾拖着磷光的航迹。还说在晨光熹微的时候，在船上看到珊瑚礁上的食蟹猴。那些猴子长着狗的脸，在礁盘上伸爪捕鱼。他谈到热带雨林里的食人树。暖水河里比车轮还大的莲花。南方的夜晚，空气里充满了花香，美人鱼浮上水面在月光下展示她的娇躯。

---

[1] 出自王小波的《用一生来学习艺术》一文，文字根据作家出版社 2016 年出版的《我的精神家园》修订。

这些文字，除了其本身表达的意境与情绪之外，有一个共同点，那就是读起来流畅轻盈、音律动人，这样的文字让人觉得筋骨柔韧，不仅提升了文案的可读性，也让读者能够对它们产生更加深刻的印象。

6. 停止谐音和双关，远离四字箴言

停止使用无聊的谐音和双关吧，那是展示你文案功力最错误的方式。没有哪位女士会被"今夜不让皮肤加'斑'"这样的文案打动，"后'惠'无期"这样的文案即使删掉也无妨。

另外，现在已经不是"骈四俪六，锦心绣口"的时代了，文案工作者需要尽量减少使用那些自认为"高大上"实则傻里傻气的"四字箴言"，用现代人的语言习惯与受众进行交流。汽车文案是"四字箴言"的重灾区，诸如"随心所动，悦无止境""顷刻旷世""耀世，傲世"等文案不仅不知所云，并且毫无品牌辨识度。

7. 延伸文字触角，跨界积累词汇

回到一个最现实的问题，职业文案工作者，到底该如何积累词汇量？

首先，我们应该有正确的认识，那就是"语言池"的高涨是需要时间的，一切速成的东西都容易速朽，笔力的提升无法"速成"。在积累词汇量这件事情上，聪明人都用笨办法。你可以用一个随身

的小本或者单独开通一个微博，记下你看到的、听到的有意思的词句，无论它属于哪种类型，同事间的对话也好，外婆说的方言也好，文学作品中的摘录也好，在商店宣传页上看到的句子也好……总之，要不间断地往我们的"语言池"中注入活水。长此以往，当我们再次打开文档动笔写文案时，会感到轻松许多。

作家村上春树就曾经透露，他的脑中有一个"大型档案柜"，里面储存了各式各样的信息，当他写作时，可以随意提取，十分轻松：

> 我的脑袋里配备着这样的大型档案柜。一个个抽屉中塞满了形形色色作为信息的记忆。既有大抽屉，也有小抽屉，其中还有内设暗斗的抽屉。我一边写，一边根据需要拉开相应的抽屉，取出里面的素材，用作故事的一部分。

在日常生活、阅读与交流中，如果碰到有趣的表达或新鲜的词，不妨将它们记录下来，不断扔进你的"档案柜"中。

除了阅读文学作品，文案工作者还需要打开自己的眼界，将接纳信息的触角延伸到更广泛的领域，尽可能多地接触一些科普类的知识，这样可以摄入许多清新的名词，避免我们脑中只有油腻的形容词。比如，我最近通过一本讲解人体消化系统的书籍《肠子的小心思》，积累了许多有趣的知识和比喻：

> 肺的结构设定是超节能型的，只有吸气的时候耗能，呼气则是全自动的。如果身体是透明的，你就能看到肺有多奇特、多漂亮，它就像个设计精密的发条机器，却又

Chapter 1 词汇力：从鱼缸到海洋

> 如此柔软、安静。
> 肠道里微生物的总重量能达到2公斤，差不多有1000万亿个细菌；1克粪便里所含的细菌比地球上的总人口还要多。

类似这样作者和译者都相当出色的书籍，往往会让我们眼界大开。下一次，如果我接到一个为医药类产品写文案的任务，我就不会手足无措、脑洞空空了。

写作不同行业的文案，积累词汇量的侧重点也有所不同，我们可以根据所处的行业，有的放矢地阅读相关的书籍。如果你要写房地产类文案，你应该读扬·盖尔的《人性化的城市》《交往与空间》，读中村拓志的《恋爱中的建筑》，从中能学到建筑、空间及其与人的心理、情感的关系，也能收获与之相关的大量词汇。如果你要写生活方式类文案，比如旅行、美食、家居文案等，那你的素材简直取之不尽，任何一个名家都不乏游记、美食评论留存于世，读读他们的散文集，绝不会空手而归。

此外，不仅是书籍，各类纪录片、电影、歌词，都是积累词汇的有效途径。只要怀有一颗开放学习的心，生活中处处都是可模仿的对象。

我 的 心 得 笔 记

Chapter 2

避开抽象的雷区 画面力

文字抽象,画面具象。
现代人爱看电视电影,却任由书籍自生自灭。
为什么?因为画面感越强,受众就越省力,作品和受众之间的隔阂就越小。

> 可乐会腐蚀你的骨头。

> 长城是在太空中唯一能看到的人类建筑。

> 一年卖出7亿多杯,杯子连起来可绕地球两圈。

为什么上面这类标题、广告语甚至谣言,都能让我们记忆深刻,读一遍就难以忘记,甚至忍不住向身边的人传播呢?仔细观察就能发现,它们都是画面感非常强的文案。

语言学大师索绪尔说过:"语言的所指和能指间的关系是任意的、武断的。"很难解释为什么"Apple"能代表那种红色的、咬起来发出清脆声音的水果。

词语和它所指代的事物之间,尽管是一种约定俗成的社会关系,但也容易引发歧义和不解,形容词和副词这类抽象词汇尤其如此。例如,对"漂亮"一词,有人会解释为"五官比例或身材比例完美",有人会理解为"年轻有活力"。这种理解上的偏差可能会导致说者与听者沟通不畅。

但我们知道,文案的任务就是和受众进行精确、有效的沟通,我们需要尽力避免语言中的模糊性,尽量使用那些具象的词汇,并且,还要学习构建画面的能力。因为人人都更愿意接受生动的细节,而非枯燥的理论;人人都喜爱有趣的内容,而排斥那些虽然准确但陌生抽象的知识条目。

比起"苹果"这种显而易见的指代，每个人对"极致""完美""快乐""享受"这类抽象的词汇显然更容易产生理解偏差。文案工作者了解了语言的这一特征，可以尽力避开使用抽象度高的词汇这一雷区，选择具有实际指代意义的词汇，才能构建可理解的"意义画面"。那么，如何尽量消除语言的模糊性，让文案的描述真实可感、有画面感呢？下面提供了4条建议。

1. 避开"知识的诅咒"，让文案成为"提词器"

画面感强的文案，不仅可以降低受众的理解成本，也可以加深受众的记忆，对我们有百利而无一害。

道理很容易讲明白，但当我们真正动手撰写文案时，还是会不知不觉地写出一堆抽象的、受众难以轻易读懂的文字来。为什么？

因为我们都中了"知识的诅咒"：

> 你知道的事情别人也许不知道，而你却恰恰忘了这一点。因此当你准备和他人分享答案的时候，就可能陷入把听众当成是自己的困境。

《粘住》一书中将这种现象称为"知识的诅咒"，它会让我们想当然地把受众幻想为一群和我们拥有同等知识储备的人。然而现实却是，除非受众都属于某一垂直细分领域，否则我们的受众有长有幼，有男有女，有的学富五车，有的却早早辍学了，如果我们困于"知识的诅咒"，我们就很难和这样参差多态的人群进行有效沟通。

那么，我们到底应该如何将信息传递给尽可能广泛的人群？

我们知道，世界上大多数人都在做着复杂的工作，虽然我们渴望专业人士可以"说人话"，但现实却是我们很难用一句简单的话概括一个学科。

这时候，让我们的内容与受众熟悉的事物发生联系，就成为了信息传达的关键。我们写下的文案应该是一个"提词器"。它们不是单纯地表达，而是唤起；不是新增信息，而是连接信息。

如果你要向没见过释迦果的人介绍释迦果，你会怎么写？

你可以这样描述：

> 释迦果又名番荔枝，成熟时表皮呈淡绿色，覆盖着多角形小指大之软疣凸起（由许多成熟的子房和花托合生而成），果肉呈奶黄色，肉质柔软嫩滑，甜度很高。

这样的文案虽专业，但对于许多普通受众而言，读完之后依然很难对释迦果这种水果有一个形象的认知，因此，我们需要再改造一下我们的文案：

> 释迦果又名番荔枝，它的果实就像佛祖的脑袋那样，布满圆圆的、淡绿色的"肉髻"，果肉是奶黄色的。当你吃一口释迦果，那味道就像同时咀嚼荔枝和杧果，非常香甜。

第二段文案对普通受众而言，显然是更容易理解的，它相当于在你脑海中已有的概念（佛祖的脑袋）上插了一面旗帜，当你知道释迦果长得像佛祖脑袋时，你脑海中会浮现出一个具体的画面，然后文案再告诉你两者的差别：它是淡绿色的，果肉是奶黄色的，味道就像荔枝和柁果的合体。这样的描述会让你脑中释迦果的形象逐步完善。

同样地，"每100克鱿鱼干含胆固醇871毫克"和"吃一口鱿鱼等于吃20口肥肉"这两句文案相比，显然是后者让人印象深刻，因为大部分人对871毫克胆固醇并没有准确的认知，但肥肉却是每个人都熟悉的事物。

如果你的公司推出了一款超轻超薄的笔记本电脑，让你为这款产品撰写一句文案，你会怎么写？我们可以对比一下三星笔记本电脑的文案和小米笔记本电脑的文案。三星 Notebook 的文案是"超轻薄机身"，小米 Air 的文案是"像一本杂志一样轻薄"，后者就运用了形象思维，在受众头脑中已有的概念"杂志"上插上旗帜，让大家对小米 Air 的厚度和重量都建立起了一个具体的认知。

画面感强的文案有优势，根源在于人类的大脑对信息的处理偏好。人类的大脑天然喜好接受那些具体形象的信息，排斥抽象的信息。

下面两句文案，哪一句能让你更了解凯西这个女孩？

A 文案：

凯西是个很精致的女孩，她很爱美，希望自己时刻处在完美的状态。

B 文案：
凯西每年用掉的面膜可以铺满 20 个游泳池，敷到脸上的化妆水、乳液、面霜加起来超过 100 公斤，购买的口红连起来可以绕足球场一圈。

显然，当受众读到 A 文案的时候，得到的信息是抽象的，对凯西这个女孩的印象也很模糊。而 B 文案则充满了细节和对比，"铺满 20 个游泳池"的面膜、"超过 100 公斤"的化妆水、乳液、面霜，"绕足球场一圈"的口红，是多爱美的女孩才能一年消耗掉这么多化妆品、护肤品？这样的文案，让凯西的形象一下子就鲜明起来了。

语言是抽象的，但生活不是。要想写出生动的文案，就必须捕捉、放大语言的画面感。文字抽象，画面具象，这就是为什么现代人爱看电视、电影，却任由书籍自生自灭。因为看书费脑，读了文字，得理解，得靠想象力转换成能理解的画面。所以，文案表达得越生动，画面感越强，受众就越省力，文案和受众的隔阂就越小。

2. 画面感能量：动词 > 名词 > 形容词 / 副词

当我们进行文案创作时，必须清晰地意识到，不同词汇的画面感能量是不一样的。一般来说，动词的画面感最强，其次是名词，最弱的是形容词与副词。

动词本来描述的就是一个动态的过程，天然地能让文案呈现富有力量感的画面。比如红星二锅头有两组文案,"用子弹放倒敌人,用二锅头放倒兄弟",一个"放倒",就能体现出烈酒象征的热血和义气。这样的动词,能让软绵绵的文案立刻精神抖擞起来。"把激情燃烧的岁月灌进喉咙",这句文案也异曲同工,一个"灌"字用得巧妙。试想一下,如果把"灌"字换成"喝"字,文字的画面感就会大打折扣。"灌"字能让人联想到"一仰脖子把酒一饮而尽"的画面,非常过瘾,让人热血沸腾,和红星二锅头这款烈酒的产品属性也很协调。

台湾地区超市品牌全联超市,就曾通过系列文案,提倡一种全联式的、省钱的消费观。出现在全联广告中的,不是常去超市的阿公阿婆,而是外表时尚但同时抱有精打细算消费观的年轻人。一则宣传海报文案是这样的:"我的猪(储蓄罐)长得特别快。"其中的"长"字,勾勒出了符合品牌气质、接地气又生动的画面。还有一则文案是:"养成好习惯很重要,我习惯去糖去冰去全联。"这里则运用同一个动词不同的含义,表达出核心诉求。

看了这么多案例,你一定在想,到底如何利用动词,写出具有画面感的文案呢?在文案写作的过程中,我们需要一步一步地锻炼动词的使用技巧。我是这样做的:

- 先按需求写出一句文案;
- 试着将它改写成含有动词的句子;
- 审视这些动词,试着找到更好的动词替换它。

比如,你需要给一家淘宝店铺写一句文案,目的是告诉目标受

众这里的东西物美价廉,值得购买,这时可以分三步来撰写并优化文案:

- 这家淘宝店的东西很便宜、实惠!
- 5块钱能买到的,为什么要花10块?
- 能花5块钱买到,凭什么要掏10块?

第一句文案,"这家淘宝店的东西很便宜、实惠!"是一句把诉求说清楚了,但是十分平庸、味同嚼蜡的文案,这样的文案在信息爆炸的传播环境下,基本上只有被淹没的命运。第二句文案,"5块钱能买到的,为什么要花10块?"开始站在受众的角度来阐明利益,比第一句文案更能引发受众的兴趣。第三句文案,将"花"字改成"掏"字,换了一个动词,让语气强烈了不少,也让文案更具有画面感。

在文案工作者的日常工作中,可以有意识地使用这样的"三步练习法",不要嫌麻烦、费时,毕竟,有价值的目标都不可能一蹴而就,提升文案写作技巧也是如此。

3. 拒绝含混,文案要有透明的质感

文字本质上是一种传递信息的介质,表意清晰是对它的基本要求。有画面感的文案更是需要把信息排列整齐后再呈现给受众,而不是用文字制造一座使他们困惑的迷宫。

有一个技巧可以让你的文案表意更清晰:当你描述一件产品或

者某种情绪时,要尽可能让你的文字"多走一步"。也就是说,在你写出自认为已足够清晰的文案后,试着用更具象、更具画面感的词汇再"翻译"一遍。

比如,如果让你去描写一款汽车车厢空间利用率高这一特点,你会怎么撰写这段文案?

A 文案

第一眼看上去奥斯汀比其他美国家用车小,但当你打开车门坐进去后,你会惊讶地发现车厢如此宽大舒适。

B 文案

第一眼看上去奥斯汀比其他美国家用车小,但当你打开车门坐进去后,你会惊讶地发现车厢如此宽大舒适。里面没有浪费的空间,每一英寸都可以利用。

C 文案

第一眼看上去奥斯汀比其他美国家用车小,但当你打开车门坐进去后,你会惊讶地发现车厢如此宽大舒适。里面没有浪费的空间,每一英寸都可以利用,大得足以让4个身高6英尺的人舒服地坐在里面。

大部分文案工作者在描写车内空间宽大舒适这一特点时,很可能就止步于 A 文案,受众能在这段文案读出宽大这一概念,却不知道到底有多宽敞。稍好一些的，会止步于 B 文案，让受众知道宽大来源于每一寸空间都没有浪费。

然而一流的文案工作者会想方设法让文字信息足够明晰、充满画面感。比起 A 文案和 B 文案，C 文案显然更胜一筹，这是奥美创始人大卫·奥格威为奥斯汀汽车撰写的文案。宽敞到可以坐下 4 个身高 6 英尺（约 1.83 米）的大个子，一个具象的"参照物"，让宽大这个抽象概念一下子具有了画面感。

如果想表达劳斯莱斯坐垫的奢华阔气，应该怎么写？这是大卫·奥格威的文案：

> 坐垫由 8 头英国牛的牛皮所制——足够制作 128 双软皮鞋。

每一个词都具象：耗费"8 头英国牛的牛皮""128 双软皮鞋"用量的皮料，才足以制作成劳斯莱斯的坐垫。文案写到这个地步，才堪称不含混。

如果要描述一辆汽车质量好，你会怎么写？

威廉·伯恩巴克在为甲壳虫汽车撰写的广告文案中写道：

> 在设在沃夫斯堡的工厂中，每天生产 3000 辆甲壳虫汽车，同时这里有 3389 位检查员，他们唯一的任务就是在生产过程中的每一个阶段都检查甲壳虫汽车。每 50 辆甲壳虫汽车中总会有一辆不通过。

超过每日生产汽车数量的检查员数量、极低的检查通过率，让汽车质量好这一模糊的概念变得清晰起来。

作家余华曾说，他对语言只有一个要求，那就是，准确：

> 一个优秀的作家应该像地主压迫自己的长工一样，使语言发挥出最大的能量。鲁迅就是这样的作家，他的语言像核能一样，体积很小，可是能量无穷。作家的语言千万不要成为一堆煤，即便堆得像山一样，能量仍然有限。

只有当文案工作者能用文字准确地传达信息时，他写出的文案才能摆脱含混的迷雾，呈现出透明的质感，也更容易为受众所理解、吸收与记忆。

4. 用观察力提升文案"颗粒度"

有的文案，读起来就像一个近视 1000 度的人看到的世界，模糊而扁平，而另一些文案所呈现的世界则清晰立体、充满细节。

造成无法写出细节丰富、有"颗粒度"的文案的原因一般有两种：一是表达能力太弱，无法将所见、所思清晰地用文字还原；二是观察能力太弱，世界在他眼中原本就是混沌的。第二个原因往往是根源所在。

一名优秀的文案工作者，就像一台行走的记录仪、显微镜那样，能对周围的人、事、场景、情绪进行有"颗粒度"的观察与感知。

同样是对观察力要求很高的职业，画家需要通过千万幅速写来磨炼观察力，文案工作者也需要通过反复的写作练习来提升文案的"颗粒度"。

在《呼兰河传》中，萧红对故乡院里的植物进行了细致的描写，精确到了纤毫毕现：

> 黄瓜的小细蔓，细得像银丝似的，太阳一来了的时候，那小细蔓闪眼湛亮，那蔓梢干净得好像用黄蜡抽成的丝子，一棵黄瓜秧上伸出来无数的这样的丝子。丝蔓的尖顶每棵都是掉转头来向回卷曲着，好像是说它们虽然勇敢，大树，野草，墙头，窗棂，到处的乱爬，但到底它们也怀着恐惧的心理。

对黄瓜秧上的细蔓进行如此细致的描写，背后是惊人的观察力，萧红的眼睛就像自带微距镜头。

马尔克斯在《霍乱时期的爱情》中这样描写乌尔比诺医生的午休：

> 他几乎总是在家中吃午饭，饭后一边坐在院里花坛上打十分钟的盹，一边在梦中听女佣们在枝繁叶茂的杧果树下唱歌，听街上的叫卖声，听港湾里柴油机和马达的轰鸣声。炎热的下午那种响声在周遭回荡着，就像被判刑的天使在受难一样。

女佣的歌声、街上的叫卖声、柴油机和马达的轰鸣声——除了视觉，优秀的写作者对声音也同样敏感。

写作者通过细致的观察，运用白描手法，按照时空顺序或内在逻辑串联一系列动作或意象，抛开主观评论，单纯通过对客观事物的展现，为读者勾勒出了一幅如在眼前的画面。并且，那些动作或意象是读者熟悉的、读到后头脑中立刻会呈现出常见行为和物体。

> 先是几个小步跳跃，再一个屈膝礼；接着用他那细长的腿来了个灵活利落的击脚跳，然后开始姿态优雅地旋转，蹦蹦跳跳，滑稽地摆动身体，仿佛前面就有观众，露出微笑，挤眉弄眼，把双臂围成圆形，扭动他木偶般可怜的身体，朝空中可怜又可爱地点头致意。（莫泊桑《小步舞》）

跳跃、击脚跳、旋转、蹦跳、摆动、微笑、扭动、点头致意……莫泊桑笔下这一连串的动作有序、流畅，完整再现了人物的行进脉络。读者无须费脑，只要顺着作者的笔触，就能迅速在脑海中描绘一幅幅一气呵成的动作画面。

台湾地区名为"意识形态"的广告公司在一则为中兴百货所做的海报文案中，通过对毛料、骨瓷皂盘、亚麻浴袍、芳橙苷香烛、港式素缘油等一连串物件的描写，试图为现代都市人群描摹一种拥有美学精神的消费生活方式。

> 毛料是个脏字，黑色已经污名化，没有人敢再提起PASIIIMINA，再不去买，你只配以身体把衣服遮起来。骨瓷皂盘教你饭前洗手，少了亚麻浴袍必定忘记睡前祈

Chapter 2 画面力：避开抽象的雷区

祷,不烧芳橙苔香烛如何证明上帝存在,只要懂得买,连港式素缘油也会分泌亚洲美学精神。

别墅广告不同于普通的房产广告,其目标受众往往是到达一定高度,追求返璞归真生活的人群。他们远离摩肩接踵的闹市,期待寻得一片难得的安静之所。这则名为"草山先生住所"的别墅广告中,出现了大量如山雾、落叶、溪涧、飞鸟等的细致意象。这处住所贴近自然、丰富人生的旨趣,正是通过这些自然趣味的元素表达出来的。

董事长下了班,最痛苦的身份就是董事长。即使散步在仁爱路口……休闲服里也总得备上一叠厚厚的名片,应付斜地里闪出来的客户、长官与陌生朋友。应付一个嘈杂的社会需要名片,让人既注意你,但又忽视你;享受真正宁静的生活,却仅要一个微笑的颔首,最简约的礼数,譬如草山的邻人。宁静的山、沉默的树,不会喧哗着身份、地位、成就;山雾、落叶、溪涧、飞鸟、自然的作息、熏陶了草山先生们字根表的人生视野,即使是朴实的店家,在浅浅的一声"林桑"间,你也会觉得她是一位生活的智者。

细节对提升文案画面清晰度的作用是巨大的。《粘住》一书曾提到,有研究表明,律师在其辩护词中增添一些生动的细节(即便这些细节根本与案情无关),往往能帮他们提高说服陪审团的概率。比如在一起争夺子女监护权的案件中,律师讲述了母亲每晚叮嘱儿子刷牙，并且给他购买星球大战牙刷的细节，陪审团就更倾向于将监护权判给母亲一方。

对于文案而言，细节同样重要，一堆模糊含混的信息很难让受众产生信任感，而细节丰富的文案则能帮助受众在头脑中勾勒出具体的画面。一段描写房地产项目"高绿化率"这一特点的文案，是这样写的：

> 在自然界，你找不到一条直线。
> 没经过人工修剪的葡萄架，
> 被马车打磨了上百年的鹅卵石，
> 还有那些天生就站在那里的杨树、梧桐树，
> 也许，自然才是最好的园林设计师。

没经过人工修剪的葡萄架、被马车打磨了上百年的鹅卵石、杨树、梧桐树……这段文案通过对一系列非直线物体的细致描写，勾勒出了一处宽敞、天然的园林场景，细节丰富得仿佛给了远方的受众一台望远镜，让他们足以看清每一个角落。

网易严选在推荐一款专为幼儿设计，特色是"打不翻"的吸盘碗时，用文案细致地描述了宝宝使用吸盘碗的过程：

> 饭前，正面按压碗，排出吸盘内空气。饭后，拉起小尾巴，让空气进入。

其中"拉起小尾巴"这个小细节的描写，不仅突出了产品设计层面的贴心，更写出了童趣风格，也与产品调性成功呼应。

威廉·伯恩巴克在为艾维斯出租车公司撰写宣传文案时，想要突出艾维斯这家处于市场第二位的公司细致周密、毫不懈怠的特质，他是这样写的：

> 小鱼必须不停地游，大鱼总在不停地追赶它们，艾维斯深知小鱼的难题。我们只是租车业的第二。如果我们不更加努力，就会被吞噬。我们永不停歇。我们的烟灰缸总是清空的，在租出汽车前为油箱加满油，为电池充满电，检查挡风玻璃的雨刷。我们只出租崭新的福特汽车。因为我们不是个头最大的鱼，所以你不必担心在柜台挤得像沙丁鱼，我们不会让顾客挤作一团。

这段文案的标题叫作《当你只是第二，你会更加努力，否则……》，整段文案除了鲜明地亮出"更加努力""永不停歇"的口号，还通过有"颗粒度"的描写，让受众感受到艾维斯的真诚，比如总是清洁干净的、加满油充满电的、崭新的、挡风玻璃经过细心检查的汽车，并且不会让顾客忍受拥挤。

我们身处一个技术越来越精湛、设计的画面也冲击力十足的时代，但是依然没有人敢否认文字的力量。字符中蕴藏的庞大信息量，它们所能代表的客观事物和主观情感，就是文案的利器，是戳中受众痛点、拨动受众心弦、点燃受众热情的一流工具。然而文字如果不被善加利用，它的抽象性就注定使它沦为营销活动的附属品、专门用来呐喊宣传的边缘角色。

在日常写作之外，文案工作者需要养成观察的好习惯，看到某个场景、事物时，试着在心里默默用文字将它描述一番，长此以往，当我们写文案时，会少很多不知道如何下笔的时刻。下一次，请用你的文案在受众心里画一幅充满细节的画，而不是丢下一堆晦涩难懂、莫名其妙的"鬼画符"。

我 的 心 得 笔 记

Chapter 3

要不要「救猫咪」故事力

故事的本质是一种高明的沟通策略,它融合了创造力、情商、消费心理学、语言表达能力乃至神经系统科学等多领域知识,一个好故事可以帮助品牌更高效地传递信息,取得更好的说服效果。

"如果你想造一艘船，先不要雇人去收集木材，而是要激起人们对大海的渴望。"如果你想激起人们对大海的渴望，最聪明的方法是给他们讲个关于大海的故事。

文案的本质是沟通，而故事则是一种高明的沟通策略。从一万年以前的洞穴岩壁，到今天的 IMAX 电影银幕，成千上万的故事在流转、传播，催动着人们情绪的共振。

心理学研究表明，生动的、能激发情感的刺激更容易进入头脑，在编码时得到大脑更充分的加工。好故事拥有挑起人们强烈情绪的能力，无论这种情绪是感动、悲伤、狂喜、愤怒还是恐惧，情绪足够强烈，就意味着更容易形成记忆。

而人类情绪的一大特征就是具有普适性，拥有共性和规律。下至妙龄少女，上至耄耋老人，视觉、嗅觉、味觉、触觉是他们共享的感官世界，喜怒哀乐是他们都会有的情绪。每个人也具有关心内心世界、渴望自我成长、想要实现充实愉悦的期待，正是基于这些共同的内心需求，好故事才能像一张网一样捕获众多受众的心。

在信息过载的新媒体环境下，有故事感的文案拥有比普通文案更强大的传播力，它们利用人类对故事的天然喜好，消解了受众对广告的排斥感，以一种更巧妙的方式吸引受众眼球、走进受众内心，并且有更高的概率留存于受众的记忆中，不被滚滚袭来的信息洪流冲淡。

那么，到底怎样才能写出有故事感的文案？

故事的重要性不言而喻，也有大量书籍会教你如何去讲一个故事，比如构建"背景、触发、探索、意外、选择、高潮、逆转、解决"，但是商业文案写作不同于小说创作，并没有广阔的发挥空间，而是承担着现实的任务。

想要写出有故事感的文案，往往需要"舍其骨骼皮肤而留其魂魄"，商业文案没有小说的篇幅供你挥洒，只能保留故事最吸引人的部分。

1. "救猫咪"思维：让故事活起来

"救猫咪"一词来源于好莱坞编剧，所谓的"救猫咪"场景是指：为了让主人公具有吸引观众的特质，给主人公安排一些帮助他人的场景，哪怕是很小的一个场景，比如，救一只猫咪，通过这一举动，让观众觉得主人公有血有肉，而不是一个冷冰冰的英雄或毫无人性的坏蛋，也容易喜欢上他。

文案大师同样能捕捉到受众心底的需求，一句优秀的文案会制造一个"救猫咪"的场景，成功打动受众并让他们产生预期中的反应。1925年，广告大师约翰·卡普尔斯要为一则美国音乐学院推销音乐函授课程的广告写标题。

他没有提及课程的优势，而是写了一个短短一句话的小故事："我坐在钢琴前时他们都嘲笑我，但当我开始弹奏时……"每个人都曾有过被别人看低的时刻，每个人都有扬眉吐气的愿望，这句文案一出，立刻搅动了无数颗对成功抱有欲望的心灵。

"广告文案的任务是启发、引导欲望。"尤金·施瓦茨这样说。数十年之后,这一模板仍被文案工作者广泛采用。你不妨也试着使用这一模板,为你服务的品牌主撰写系列文案:

> 我在淘宝订购衣柜时我丈夫笑我,但当我省下50%的钱后……

> 当我下载"陌陌"时他们都嘲笑我,但当我和女神约会时……

> 我写文案时亲戚觉得我没有出路,但当我在北京二环全款买了房时……

巧妙地运用情感联系,抓住人们的情感和兴趣,是"救猫咪"思维成功运用的关键。

蚂蚁金服在一组文案中,展现了产品为用户带来的利益。在文案中,可以看到"救猫咪"思维的运用,让文案充满故事感、充满细节:

06:16　上海市黄浦区
洪蓉芳　67岁　个体商户
自从孙女给我弄了支付宝
每天早上来买饼的年轻人翻了倍
他们夸我,阿婆你好潮啊

23:36　浙江省杭州市

黄慧　35岁　服装店店主

做生意难免有急用钱的时候

最怕欠钱又怕欠人情债

现在好了，凭信用就能借到款，半小时就到账

04：16　安徽省高速公路服务区

朱广民　39岁　进城务工人员

以前，揣着攒了一年的钱回家过年

半夜都得睁着眼

现在，不光钱

连车票都在手机里，很踏实

01：26　日本东京

张孟超　31岁　IT工程师

深夜，一个人走进东京街头的便利店

看到熟悉的支付宝，恍如身在北京

  卖煎饼的阿婆、服装店店主、进城务工的大叔、IT工程师……多个用户独白式的白话文案，勾勒出个体生活的细节，以及蚂蚁金服与他们生活的交融。仔细观察就会发现，现在这类以用户的小故事作为广告文案的方法越来越受欢迎了。

  充满细节的故事，很容易触动受众的心弦。譬如，卖煎饼的阿婆是由外孙女教会她使用支付宝的，服装店店主怕欠钱又怕欠人情债，进城务工的大叔攒了一年的钱，坐火车回家时紧张得"半夜都得睁着眼"，IT工程师独在异乡，半夜走在街头的孤独与慰藉，这些故事中的细节都是人之常情，也都是生活中常见的或甜蜜或心酸

的时刻,很容易引起受众的共鸣,而这种共鸣足以消弭横亘在广告和受众之间的隔阂与不信任。

这样的文案,无须高谈阔论,也无须夸赞,通过普通人的故事,通过文字呈现出的细节,就能展现蚂蚁金服的体量与能量。

2. 洞察有锐度:好故事身上带刺

不痛不痒的叫事实,尖锐扎心的才叫故事。有锐度的故事可以赋予文案穿透力,像刺一样扎进受众的心中,而锐度则源于精准的洞察。

大部分文案工作者对故事的理解就是人物、情节、环境,然而即便具备了这些要素,大多数情况下你也只能写出一个完整的故事,而非一个好故事。比如,如果要给一家健身房写宣传文案,勾起受众管理体型的欲望,你会怎么写?

A 文案

Lily,25 岁,健身 365 天,甩掉 20 公斤。

B 文案

Lily,25 岁

2016 年体重 70 公斤,绰号"胖妞";

2017 年体重 50 公斤,人称"女神"。

两则文案相比，A文案虽然也具备了故事的要素，但相比B文案就缺少了锐度——一根能刺中受众痛点的刺——肥胖带来的人际交往伤痛。

文案大师威廉·伯恩巴克在甲壳虫汽车的一则文案中写道：

> 我，麦克斯韦尔·斯内弗尔，趁清醒时发布以下遗嘱：
> 给我那花钱如水的太太罗丝留下100美元和1本日历；
> 我的儿子罗德纳和维克多把我的每一枚5分币都花在时髦车和放荡女人身上，
> 我给他们留下50美元的5分币；
> 我的生意合伙人朵尔斯的座右铭是"花钱、花钱、花钱"，
> 我什么也"不给、不给、不给"；
> 我其他的朋友和亲属从未理解1美元的价值，我留给他们1美元；
> 最后是我的侄子哈罗德，他常说"省1分钱等于挣1分钱"，还说"哇，麦克斯韦尔叔叔，买一辆甲壳虫肯定很划算"。
> 我决定把我1000亿美元的财产全部留给他！

通过一则幽默故事，不仅道出甲壳虫汽车的物美价廉，也勾勒出一个节俭明智的车主形象。这则广告文案即使放到今天都不免有剑走偏锋的意味，但正是这种有锐度的文案，可以刺进目标群体心中，建立起甲壳虫汽车可爱、调皮又实用、靠谱的差异化形象。

"今日头条"旗下自媒体平台"头条号"，曾为平台上一群表现优异的自媒体人拍摄过一组纪录片，名叫《生机》。这组纪录片中，拍摄了如下几组人物：写教授养猪技术文章，阅读量超过5000万

人次的"90后"少年;从国企"裸辞"①,家里蹲拍花卉种植短视频的中年男子;被家人逼婚,投身科技手工短视频创业的女孩;还有天津一位60岁的老木匠,他将自己的木工活视频发布到"今日头条",收获了可观的播放量。

纪录片的拍摄者在策划纪录片脚本及撰写宣传文案、标题时,都有意识地塑造着"带刺的故事感",提炼出一些能吸引大众注意力、引发共鸣的关键词,譬如"月薪3000元到月薪10000元""裸辞""逼婚""传统手艺失传"等,这些关键词就像小刺一样,可以起到扎眼的作用,让故事逃离被淹没在信息洪流中的命运。

3. 反差设定:卸下平庸的枷锁

一个一本正经、工作认真的大叔,和一个穿粉色卡通T恤的一本正经、工作认真的胡茬大叔,哪个更容易吸引人的注意力?显然,后者更容易成为同事们当天的社交话题。

反差所带来的惊喜与新鲜感,可以让故事文案变得妙趣横生。在广告信息泛滥的今天,平庸的信息只会被受众的大脑过滤掉,而具有反差设定的故事则能触动他们。

试想一下,一向以庄重、肃穆形象示人的历史博物馆忽然"卖起萌"来,会产生怎样的反差效果?在2018年春节期间,博物馆之城西安就联手网易新闻共同推出了一组新春海报,海报上是隋青

---

① 裸辞:指在未找到下一份工作,未来收入没有保障的情况下辞职。

石菩萨像、汉青釉陶狗、唐仕女俑、唐三彩胡人腾空马等古代文物的照片，而与之相配的文案却是这样的"画风"：

> 分享一个亲戚社交生存秘籍：保持围笑[1]，您说得对，都可以。（隋青石菩萨像）

> 喂！单身汪们，本命年我们稳住，能赢。（汉青釉陶狗）

> 莫问假期有何沉淀，执手相看圆脸。（唐仕女俑）

> 交通工具上，总喜欢念点诗，比如：但使龙城飞将在，不教胡马去上班。（唐三彩胡人腾空马）

俏皮有趣的文案，与海报画面中的文物照片一方面具有某些贴合之处，比如"保持围笑"对应隋青石菩萨像的慈悲笑脸，"单身汪"对应汉青釉陶狗，"执手相看圆脸"对应唐仕女俑胖胖的脸蛋；但另一方面，这些文案却更多地塑造出了强烈的反差感，让原本严肃、充满距离感的古代文物变得亲民、可爱起来，让文物得以拂去身上的"尘土"，更吸引人们的目光。

东京电视台曾经有一组介绍参选议员的文案，在社交网络上火爆一时：

---

[1] 把微笑写成"围笑"，是网上流行的一种谐趣的写法。

成清梨沙子：
东京大学毕业，有一个儿子，
初中、高中都报了网球社团，却从不参加活动，
政策晴朗，自己的房间却很乱。

大塚隆朗：
倡导取消动物安乐死，
自己的爱犬却差点离家出走。

后藤奈美：
性格是"一往无前"那种，
曾撞过3次电线杆。

铃木胜博：
创立了旅游杂志 jalan，
自己出国玩弄丢了护照。

早坂义弘：
人生目标是成为有骨气的政治家，
4月被查出患骨质疏松……

为什么这组文案会让人觉得很有趣？稍加分析就会发现，文案中都使用了"反差人设"这一技巧。

政策晴朗，但自己的房间很乱；倡导取消宠物安乐死，但自家的宠物差点离家出走；创办了旅游杂志，自己却弄丢旅行护照；有骨气，却患有骨质疏松……这些文案都是以一个严肃、宏大的设定，

对比一个琐碎、生活化的设定，形成较强的反差，让故事中的人物更加立体，更容易引发公众的讨论和传播。毕竟，平面化、脸谱化的形象大家早就司空见惯，反差感则会给人惊喜。

中国台湾某洗衣粉品牌拍过一部MV，片名叫作《我的"不会妈妈"》。洗衣粉、厨具这类产品，打母亲情怀牌的策略很常见，但是这部短片却有意颠覆人们印象中的传统母亲形象，她不再是温柔、美丽、完美的。短片通过小男孩日记的视角，记录了一个不会杀螃蟹、不会控制情绪、言行不一致、讲话很聒噪的母亲，而她唯一会做、擅长做的事情就是"做我的妈妈"。

传统主打亲子关系的品牌热衷于塑造"高大全"妈妈形象，比如为孩子牺牲个人生活、为孩子化身温柔天使的妈妈，而"不会妈妈"的创意则从妈妈的窘迫切入，塑造了一个有反差形象的母亲，却显得更加真实可爱，拉近了与受众之间的距离，让受众产生一种"原来你也是这样"的亲密感受。

反差设定这一方法，在"千禧一代"的年轻群体中，更是大受欢迎。就像在过去几十年中，日本三丽鸥公司的"头牌明星"一直是温顺、可爱的Hello Kitty，她形象乖巧，甚至没有嘴巴，给同时代的年轻人带去正能量的治愈。可近年来，情况却发生变化，一颗性别不明、体态软糯、表情颓丧的蛋黄哥成为年轻人的新宠，它以一种慵懒、"萌贱"的姿态圈粉无数。

如果说Hello Kitty是一位精致的淑女，蛋黄哥就是一个邋遢的废柴少年，它那一种"萌贱"的姿态，反而能帮助年轻人排遣焦虑感，切合了他们有点灰心，但又有点野心，在庸常生活中自寻乐趣的情绪，凭借反差感成为新一代的卡通网红。

4. 善用"原型"：拨动受众心理共振

这世上的故事如恒河沙数，但它们几乎无一例外是从为数不多"原型"中演绎而出的。了解这一点，对写出能够引发受众共鸣的故事文案非常重要。

"原型"（archetypes）理论由瑞典心理学家荣格（Carl Gustav Jung）提出：

> 它是一种记忆蕴藏，一种印迹或记忆痕迹，是某些不断发生的心理体验的沉淀。每一个原始意象中都有着人类精神和人类命运的一块碎片，有在我们祖先的历史中重复了无数次的快乐和悲哀的一点残余。

"原型"理论也体现在故事写作层面，举个最简单的例子，几乎所有韩剧的"原型"都是"灰姑娘辛黛瑞拉"的故事，同样的套路反复不停地打动观众，能够轻易激起13岁到73岁女性观众的情感共振。

同样，"大卫与歌利亚"的故事则是无数"逆袭"故事的"原型"，牧童大卫用投石弹弓击中了力量无穷的巨人歌利亚，并割下其首级，这个故事在后世无数以小博大、以弱胜强的"逆袭"故事中得到反复演绎。

具有"原型"特征的故事情节一共有 12 种，它们分别是：

探索　蜕变　解谜　对抗

灾难　复仇　征服　爱情

牺牲　逃脱　拯救　救赎

稍做分析你就会发现，我们日常看到的电影、电视剧、小说等，无非就是这 12 种"原型"情节的排列组合。在文案写作的工作中，也可以有意识地利用这些"原型"，创作出受众更感兴趣的故事。那些传播得最广泛的故事，往往都是带有最强"原型"特征的故事。

拥有"原型"的故事，打动受众的门槛更低，因为它们可以激起受众心理中原本就存在的情感经验沉淀。如果在"原型"的大框架下加入上文提及的反差设定，则更能够获得年轻群体的喜爱。

台湾地区 104 希望基金拍摄的创意短片《不怎么样的 25 岁，谁没有过》，讲述了著名导演李安 25 岁时简历被各企业高管痛批的故事，李安的简历被企业评价为"HR 不会通过""第一瞬间就刷掉了"，谁能想到，这样一份不受待见的简历的主人，却在多年后两次获得奥斯卡金像奖。

短片播出后引起了广泛的社会讨论，其"原型"就是一个"逆袭"故事，这样的故事很容易引发受众的共鸣。

5. "KISS"原则：心智厌倦复杂的信息

"KISS"原则源于大卫·马梅的电影理论，是"Keep it Simple and Stupid"的缩写。这一理论被广泛应用于产品设计等领域，同样也适用于讲故事。

心理学研究表明，人类的心智对信息的处理是有选择性的，心智对复杂的信息天然厌倦并习惯性屏蔽，而喜欢记住简洁的信息。

> Our repairmen are the loneliest guys in town. （我们的修理工是镇上最孤独的人。）

这是来自美国美泰克电器（Maytag）公司的一句广告语。虽然只是一个短短的陈述句，但因为包含了足够的信息，可以使受众基于它重构一个故事：

> 有一群美泰克的修理工，他们经过辛苦的训练，热切渴盼着用自己的技术和知识来帮助他人。接下来是悲剧性的转折：以注重质量为理念的美泰克公司，在培养了一批训练有素的修理工的同时，生产出的产品也是坚不可摧的。这样一来，可怜的修理工从来就没有用武之地。

就是这样一个故事，短，但具有想象空间。不需要用繁复的信息和情节填满你的故事，最重要的是让受众体验它，自行补充情节。

大部分教人讲故事的建议，都是让人从外而内地构建故事，例如，故事线八点法告诉你，一个故事要具备背景、触发、探索、意外、选择、高潮、逆转、解决八个环节，如果你知道了这些，就能拼凑出一个好故事——这显然是一种错觉。

有时候，说太多会减弱故事的感染力。好故事的诞生需要经历一个"蒸馏"的过程，你需要将复杂的信息提炼成一个精彩的故事，并赋予其吸引力。

6. 感官原则：开启想象力的闸门

著名作家马克·吐温曾提出过一项写作准则："别只是描述老妇人在嘶喊，而是要把这个妇人带到现场，让观众真真切切地听到她的尖叫声。"心理学研究表明，故事由人类负责社交和情感的大脑区域——大脑边缘系统、杏仁体，以及大脑中更加相信感官知觉的部分——编码而成，而不是依靠大脑中善于记住符号、数字、字母的那部分接收和处理。从这个角度说，数字和语言远不如记忆和图像更能给人留下深刻印象。

文案需要懂得调动人们感知世界的五种感官：嗅觉、味觉、听觉、触觉、视觉。以此模拟出颇具影响力的体验。如果你第一次听说"有人在拉斯维加斯的一个塞满冰块的浴缸里醒来，发现自己的肾脏被摘"这样的故事，你几乎能感到浴缸里冰块的寒气，以及那人起身时冰块摩擦出的咔嚓声，似乎能看到那张犯罪者留下的让他快给医院打电话的手写字条。看到这样充满感官细节的故事，人们的前额叶还来不及怀疑这个故事的可信度，想象力就先行一步让人产生了切身感受。

如果你要描述日本美食寿司的极致口感，你会怎么写？"鲜美""醇厚""肉质绵软有弹性"？这样的描绘，可能很难勾起受众的食欲来。

纪录片《寿司之神》是这样描述日本的米其林三星餐厅主厨小野二郎的：

> 他在做章鱼前，会先给章鱼按摩40分钟，这样能让肉质变得柔软，富有弹性和温度，不像大部分章鱼料理吃起来像在咀嚼橡胶一般。米饭的温度和湿润度、鱼肉切片的厚薄、肉质的脂肪含量都需要进行仔细甄别。为了保护握寿司的双手，他不工作时永远戴着手套，就连睡觉时也不摘下来。他的店只坐得下10个人，店内没有卫生间，客人即使预约成功也可能要等待数月，店内只提供寿司，人均消费30000日元[①]起，并且客人需要在30分钟内吃完20个寿司。

这样的文案，没有抽象、夸张的描述，却能让受众感受到小野二郎寿司的极致口感。文案通过寿司制作过程的考究、寿司制作者的严苛追求和食客们的追捧，烘托出寿司的完美口感。"给章鱼按摩40分钟"这样充满画面感，甚至有点猎奇的描述，让受众甚至能感受到双手接触到章鱼时的触感，联想到富有弹性的寿司的口感，充满感官细节，让文案更打动人。

---

① 约合人民币1800元。

我 的 心 得 笔 记

我 的 心 得 笔 记

Chapter 4

弗洛伊德的秘密

感染力

文案如何戳中受众的三重人格（本我、自我、超我）？想要写出"10万+"爆款文案，你首先要让受众忍不住转发。

世界上或许没有比广告营销更喜新厌旧的行业了。同样的创意和玩法，重复 10 遍尚且能叫偷懒，若是重复 20 遍，就只能被骂作庸俗，并被同行嗤之以鼻了。

可灵感和新意的蝴蝶，不会轻易落入我们的网中，即使我们已经疏通感官，竖起捕蝶网时刻等候。在跟风和模仿的乱流中，文案工作者更需要用心洞察受众的心理，那里有一些新鲜的欲望和喜好正在悄然生长，并且能够发展为帮助我们实现成功营销的强大推力。

洞察受众心理这件事，很容易沦为"想当然"和"玄学"。提起洞察，好像谁都能侃侃而谈，说上几句，但结果是，有的文案可以轻易戳中受众，让人产生转发或一键下单的欲望，但更多的文案读上去不痛不痒，在受众心中激不起半点波澜。

想要准确地洞察受众心理，心理学知识能在一定程度上帮助我们，找准正确的方向。

西格蒙德·弗洛伊德（Sigmund Freud）是奥地利心理学家、精神分析学家和精神分析学派创始人，著有《梦的解析》《精神分析引论》《图腾与禁忌》等。他提出过许多概念，譬如"潜意识""自我""本我""超我""俄狄浦斯情结""利比多""心理防卫机制"等，对心理学乃至美学、社会学、文学、流行文化等都产生了深刻的影响。

文案工作者分析、洞察受众心理时，需要自己构建一套框架、方法和技巧，并且逐渐丰富、完善它。在这里介绍弗洛伊德的一些心理学理论，或许能为你带来一些启发和灵感。

1. 受众"三重人格面具"逐个击破

弗洛伊德认为人格分为三部分：本我、自我和超我。

我们可以理解为，每个人的身体里都住着三个小人儿：本我小人儿、自我小人儿和超我小人儿。来自外界的不同性质的刺激会引起它们不同的反应。

简单来说，本我就是人的欲望、本能，它遵循快乐原则，如婴儿饿了就哭闹着要喝奶。自我则更多地偏向理性、逻辑，它遵循现实原则，如成年人饿了会花钱买食物吃。而超我指的是理想、良知，它遵循道德原则，如战士把最后半壶水让给受伤的战友喝。

本我、自我和超我的存在，要求文案工作者在每一次动笔写字之前，都必须弄清楚我们这次打算驯服目标人群身体里的哪个小人儿，并且弄清楚它们的特点和软肋。

1）诱惑受众的本我

关于本我，维基百科的解释是，在无意识形态下，人类思绪的原始程序，也就是那些最为原始的、满足本能冲动的欲望，如食欲、性欲等。

那些简单直接的感官享受最能刺激本我，如高热量的食品、烟、酒、电子游戏、性、说走就走的旅行、说清空就清空的购物车，乃至碎片化阅读，都遵循本我的需求。本我的原则是追求快乐，要求即时满足（immediate gratification）。

弗洛伊德认为："本我没有组织，也没有产生共同的意志，思维的逻辑法在本我那里是不适用的。"也就是说，当我们要推广一款主要服务于用户本我的产品时，讲道理、讲逻辑的效果会比较微弱，文案需要减少分析与说服的比例，直接去展示、去诱惑、去巧舌如簧地描述体验。有两个技巧可以帮助我们打动用户的本我。

第一个技巧是，形象化展示。

抽象的情绪很难打动本我小人儿，但形象的文字却能将它吸引、打动。比如讲述中国烧烤文化的纪录片《人生一串》中，许多段解说词生动形象、充满烟火气息，让人不禁垂涎：

> 啃羊蹄的时候，你最好放弃矜持，变成一个被饥饿冲昏头脑的纯粹的人。皮的滋味，筋的弹性，烤的焦香，卤的回甜，会让你忘记整个世界，眼里只有一条连骨的大筋，旋转、跳跃，逼着你一口撕扯下来，狠狠咀嚼，再灌下整杯冰啤，直到只剩下一条光溜溜的骨头，才能最终心静如水。

这样的文案，能充分地调动起受众的感官，让受众的本我仿佛体验到了烧烤羊蹄的焦脆和筋道，"撕扯""咀嚼""灌下"，一连串一气呵成的大幅度动作，让受众仿佛目睹了烧烤摊前食客们大快朵颐的情景。这样形象化的文案，足以放大烧烤这种高热量、令人快乐的食物对受众本我的吸引。

电商平台网易严选在给"球形爆米花"这一零食撰写详情页文案时,是这样写的:

> 爆米花之美,不仅在于香甜,还在于酥脆。
> 甫开包装,一股甜醇之气香盈鼻口。
> 一颗入唇,甜滑之味迫不及待地攻略舌尖。
> 贝齿一咬,甜脆之酥感在齿尖舌畔爆开,好吃又过瘾。

这段文案,强调了酥脆这一感官体验,使用"在齿尖舌畔爆开"这样形象的描述,让人好像已经听到了咀嚼爆米花时通过骨传导而来的咔嚓声,酥脆的口感一下子就体现出来了,受众的本我小人儿也已经蠢蠢欲动。

第二个技巧是,制造对立冲突。

为了打动"头脑简单"的本我小人儿,文案还可以反其道而行,用一些本我小人儿厌恶的因素,让它获得理直气壮的放纵理由。如果你想说服受众放下"眼前的苟且",来一场说走就走的旅行,你会怎么写?下面这则让无数人心动的文案就利用了"制造对立冲突"这一技巧:

> 你写 PPT 时,阿拉斯加的鳕鱼正跃出水面;
> 你看报表时,梅里雪山的金丝猴刚好爬上树梢;
> 你挤进地铁时,西藏的山鹰一直盘旋云端;
> 你在会议中吵架时,尼泊尔的背包客一起端起酒杯坐在火堆旁。

> 有一些穿高跟鞋走不到的路，有一些喷着香水闻不到的空气，有一些在写字楼里永远遇不见的人。

PPT、报表、拥挤的地铁、冗长的会议、惹人生气的同事、压抑的写字楼，这难道不是好逸恶劳、贪图享乐的本我小人儿最讨厌的东西吗？平时在理性的自我小人儿的管束下，本我小人儿已经压抑得够久够累了，只需给它绘声绘色地描述"阿拉斯加的鳕鱼正跃出水面""尼泊尔的背包客一起端起酒杯坐在火堆旁"，就能让它迸发出原始之力，指挥受众乖乖打开钱包。

2）说服受众的自我

健身软件、理财产品、书店、教育培训机构等，显然提不起"过把瘾就死"的本我小人儿的兴致，而只有通过影响具有思考、判断能力，按照现实原则和逻辑、常识来行事的自我小人儿，才可能得到期待的效果。

维基百科对自我的释义是，人类对于其自身个体存在、人格特质、社会形象，所产生的一种认知。与本我不同的是，自我的原则是遵循现实，按照逻辑、常识来行事。因此，想要说服受众心里的自我小人儿，文案就必须有足够强大的逻辑、足够多的论据。更重要的是，要足够现实，要告诉功利的自我小人儿"如果按我说的做了，你会得到什么"。

健身应用软件"Keep"的一个广告短片就运用了这一法则，伴随着"哪有什么天生如此，只是我们天天坚持"的主题，短片向受众展示了一群"超人"：快到让时间"变慢"的跑步者、轻松对抗地心引力的篮球运动员、身体柔韧如猫的瑜伽师、从不失手的攀岩者……影片从始至终都在向受众的自我小人儿展示"坚持锻炼身体"的美好结果,告诉它如果健身成功,你就会像短片中这些人一样"拉风"。

在向自我小人儿说明了结果之后,再反过来解释原因:取得这些成果,不是好吃懒做就行的,你得付出汗水,你得天天坚持。因果清晰,逻辑合理,才足以说服受众的自我小人儿。

值得注意的是,自我小人儿往往十分功利,它关注一定时间内的回报,而非当下的体验。就像各类理财产品会告诉目标用户,买了我的产品,你将在一定时间内获得一定的收益,并且它是安全的。当然,获得回报的周期越短,吸引力就越大,所以理财产品通常会通过赠送理财红包等方式,让用户的自我小人儿觉得这笔交易更值,自己短时间内能获利更多。

3)满足受众的超我

各类呼吁保护濒危动物、反对虐待妇女儿童等的公益广告,就是在默默打动着受众的超我小人儿,劝说人们按照道德原则行事,让人感受到良心、社会准则和理想,获得某种自我满足的愉悦。

维基百科对超我的解释是,超我是人格结构中的管制者,由道德原则支配,属于人格结构中的道德部分。超我倾向于站在本我的原始渴望的对立面,而对自我带有侵略性,它以道德心的形式运作,维持个体的道德感,回避禁忌。

超我按照道德原则行事,代表社会取向和自我理想。在商业环境中，也不乏利用受众的超我小人儿的特点进行营销的案例，譬如珠宝、别墅、名贵手表、高档汽车等产品就在努力地营造出身份感和阶级感以期打动受众。

比如万科兰乔圣菲别墅的系列文案：

> 踩惯了红地毯，会梦见石板路。

> 没有CEO，只有邻居。

> 一生领导潮流，难得随波逐流。

文案中只字不谈"华庭""御宅""豪居"，只谈质朴的石板路、名士邻人……只有到达一定高度，才敢如此低调。文案和画面的背后，似乎能看到一个阅尽名利繁华，用心领悟淡泊滋味的真名士形象。这样的文案，往往能让受众的超我部分得到满足。

除了奢侈品，一些同质化较为严重的中低端产品也试图通过满足受众的超我，来达到增加产品差异度和知名度的目的。比如，小米手机最初的定位是"为发烧而生"，就是给予手机发烧友群体身份认同，让购买者在购买手机的同时买到"发烧友"的身份，它象征着更懂硬件和超前的观念。为贩卖情怀而生的锤子手机的营销也有异曲同工之妙。

2. 受众的 5 种心理需求

在新媒体时代，受众的地位大大提升，能够得到受众喜爱、认可、主动传播的文案，才是好文案。想要写出这样的文案，除了弗洛伊德的理论，我们还需要了解受众到底有哪些心理需求，只有洞察了受众的心理动机，才能了解什么样的文案更容易打动他们，通过满足他们的心理需求来实现销售目标或传播目标。

传播学者认为，大众的心理需求逃不出 5 种类型：认知的需求、情感发泄的需求、个人整合的需求、社会整合的需求、炫耀的需求。

1）认知的需求

认知的需求，是指每一个人都有寻求认同、理解和归属感的需求。比如在各大社交网站上，无论是微信朋友圈、Facebook 还是 Instagram 上，我们都能看到"点赞"的按钮，这是为什么？为什么很少有"踩"或"不喜欢"按钮呢？因为软件开发者非常懂得用户的心理，他们知道，用户有寻找认同、理解和归属感的需求，所以用"点赞"去给他们认同，从而刺激他们在平台上不断地生产、分享内容。

比如有一天，你在朋友圈发布了一张自拍，一分钟后发现有 50 个好友为你点赞，那么你的认知的需求就得到了极大满足，而这种满足感会促使你不断地在平台上分享内容；相反地，如果有一天你发布了一张自拍，一分钟后发现有 50 个好友"不喜欢"你这张照片，并且已经有 20 个好友将你拉黑，那你可能再也不想在朋友圈发自拍了。如果我们的文案能满足受众认知的需求，那么它们得到受众的认同和传播的概率也就更大。

2）情感发泄的需求

除了认知的需求，情感发泄的需求也是促使受众转发内容的一个重要心理动机。虽然人们视理性为一种可贵的品质，但人类绝对是情绪化的动物。如果仔细观察过近几年那些成功"刷屏"的文章和活动，就会发现它们在某种程度上，都为人们的压力提供了一个疏导口。

比如公众号"视觉志"那篇阅读量高达 800 万人次的《凌晨 3 点不回家：成年人的世界是你想不到的心酸》一文，就描写了许多个加班到深夜的故事片段，深夜赶稿时电脑突然蓝屏的实习生、3 岁孩子高烧却必须在医院待命的急诊科护士长、无暇陪伴男友的广告公司客户经理……他们的故事很容易打动那些同样为生活拼尽全力的人们，那些经历过疲惫、失望甚至崩溃但最终擦干眼泪的人们。这样的内容对他们而言无疑是一剂帮助压力释放的安慰剂，能起到舒缓情绪的作用。

3）个人整合的需求

个人整合的需求，是指人们都有提高自身认知度、可信度和身份地位的需求。比如在社交网络上经久不衰的新年签、5 月签、6 月签等各类"签"，许多女孩爱转发的星座运势分析，这类文案内容都可以满足受众个人整合的需求，受众通过它们去表达自己的特长和愿望。又比如中文词汇量测试、英文词汇量测试、粤语测试等各种测试，受众可以借这类内容展现自己的渊博，也能满足受众个人整合的需求。再比如《2018年互联网趋势报告》等各式各样的行业报告，如果在标题上加上"最全、干货、深度"这类文字，很多人也许根本不用看全文就会转发了。

以上提到的三种内容，都是典型的满足受众个人整合的需求的内容。人们通过分享这类内容，向周围的人展示自己的知识、专业能力、见识等，以此来提升自己的个人价值。

4）社会整合的需求

人们的第4种心理需求是社会整合的需求，简单来说，就是社交需求。用户通过分享信息，和家人、朋友、同事进行交流。类似星座、美食、情感类文章，以及段子、搞笑的内容常常被用来满足这个需求。

5）炫耀的需求

最后一个很常见的心理需求是炫耀的需求。用户会通过分享内容来找寻优越感，比如网易云音乐的"你的个人使用说明书"，就通过一系列有趣的文案，给用户添加形象描述，满足用户展示自己与众不同的性格、品位的需求。

3. 制造情绪显微镜

如今，在女生宿舍楼下摆放心形蜡烛的求爱行为，已经显得有些过时，或许还比不上诸如"被你赞过的朋友圈，叫甜甜圈""你喜欢喝水吗？如果是，那你已经喜欢上70%的我了"这样的"土味情话"更能撩动人心。

"撩"这个自带暧昧气息的动词，其实折射出当今大众心理的一个侧面：越来越多微小、细碎的情绪需要得到满足。

社交媒体所构筑的虚拟空间，使得人们对情绪的关注越来越细腻，就像你很少面对面向一个朋友抱怨昨天吃的外卖有多糟糕，但很可能在收到外卖后发一条朋友圈发泄不满。社交媒体的存在，让许多生活和情绪的细节被放大了，大众不再为宏大的情绪所倾倒，却容易被一条及时回复的微信短消息所打动。

"撩"文化的盛行，要求我们在观察受众时装上一个"情绪显微镜"，从人们微小的举动中发现背后的情绪，并用有趣的方式进行表达。

2016年年底，瑞典音乐平台Spotify就大胆地"撩"了一把自己的用户。在美国、英国、丹麦等地街头的巨幅广告牌上，人们可以看到这样的文案：

> 在情人节播放了42遍《对不起》的用户，你到底做了什么？

> 致1235位喜欢了"闺密之夜"歌单的兄弟们：我们爱你。

> 致 NoLita 的那位从 6 月就开始听圣诞歌曲的朋友——你真的是"jingle all the way"对吧？

> 3749 个在英国"脱欧日"播放《我们知道今天是世界末日》的用户，坚持住啊。

在 Spotify 的这场营销中，是否也能看到 2017 年年末网易云音乐"私人歌单"的影子？不过 Spotify 多了一些诙谐，而网易云音乐则更多是渲染怀旧感伤的氛围。它们的共同点也非常明显，那就是都展现了对用户细微行为和情绪的关注，并且通过大数据让内容在"撩拨"用户的同时显得一本正经。

4. 人人身上都有"多巴胺按钮"

为什么收纳、整理会让人心情愉悦？

为什么运动后通常神清气爽？

为什么热恋中的人多半容光焕发？

因为这些行为刺激了多巴胺的分泌。多巴胺是一种神经传导物质，它会传递开心、兴奋的信息。在信息传播的层面，多巴胺可以有效提升某项信息在人们头脑中的关注度并引起积极反馈，如果营销内容具有促进多巴胺分泌的作用，那它获得受众关注度和好感度的概率就会提升。

获得2018年奥斯卡最佳动画短片奖提名的《负空间》(Negative Space)，就展示了儿子从父亲那里学到的整理行李的技巧，这个行为是父子感情的一个纽带。短片最让人印象深刻的，就是一大堆衬衫、裤子、袜子被迅速叠整齐并塞入行李箱中，严丝合缝，不浪费一丝空间。

强迫症患者看到这样的画面多半大呼过瘾，普通人看了也有种满足感油然而生，因为这样的画面会刺激多巴胺的分泌。

那么，哪些行为会刺激人们多巴胺的分泌呢？心理学认为，图4-1中涵盖的行为能够刺激人们多巴胺的分泌，刺激的程度与图表颜色深浅成正比。

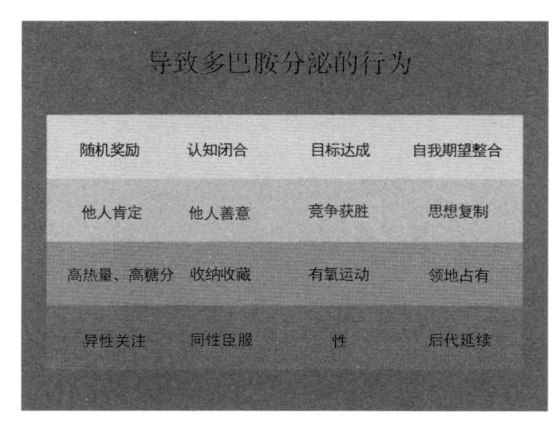

导致多巴胺分泌的行为				
随机奖励	认知闭合	目标达成	自我期望整合
他人肯定	他人善意	竞争获胜	思想复制
高热量、高糖分	收纳收藏	有氧运动	领地占有
异性关注	同性臣服	性	后代延续

图4-1 导致多巴胺分泌的行为

从那些红极一时的游戏产品中，也能发现这一规律。"旅行青蛙"中蛙崽不断给你寄回来的明信片，其实满足了你收纳收藏的欲望；"恋与制作人"则让女性用户尽情享受了异性关注（即使这种关注是虚拟的）；风靡一时的直播竞答则让用户获得竞争获胜、目标达成、随机奖励的快感。这些爆款产品、活动的共同点是能增加用户多巴胺的分泌，而多巴胺的分泌则可能导致依赖和上瘾的行为。

5. 被少女心统治的世界

抬头环顾四周，我们会发现自己身处一个到处荡漾着少女心的世界：

全球各地马卡龙色系的网红餐厅，让人仿佛置身少女心的海洋；

伦敦时尚趋势预测机构 WGSN 称，粉色日益受到欢迎，并在 2016 年达到了受欢迎程度的顶峰；

各类"二头身"、自带腮红的萌物（如熊本熊、皮卡丘等），举手投足皆萌翻众人；

"恋与制作人"受市场追捧，证明了"乙女向"（"乙女"概念源自日本，即年龄在 14~18 岁之间的少女）游戏的光明前途；

社交网络上铺天盖地的小猫图片，一向是各大内容平台获取流量的中坚力量……

以上这些流行事物的共同点是什么？答案是，相比于男性审美，它们更符合女性审美。

过去人们推崇阳刚的美学特质，比如古希腊英雄的身上总是肌肉发达，挂着汗液与血液，高仓健竖着领口面无表情沉默抽烟的样子代表了一个时代的理想男性形象。

但如今，情况发生了变化，容易受到女性喜爱的事物，显然更容易流行。在深受儒家文化审美偏好影响的东亚文化圈中尤甚。日本著名女性杂志《an・an》就曾形容木村拓哉"像维纳斯一样温柔"，用词就像在赞美一个少女。

在中国社交网络上走红的日本歌曲《不想从被窝里出来》的 4 分钟的视频只讲一件事：一只"二头身"、长着腮红的企鹅起床前的内心戏。软萌的水彩设计风格，加上"被窝好柔软""暖炉超棒的"的"撒娇体"文案，戳中了许多人柔软的内心，让受众产生"这就是我"的共鸣。

亢奋的雄激素喜欢征服、成功、胜利、占有，而少女心则天然地对柔软、可爱、特异的事物倾注更多的精力。弥漫着铁血气息的对抗让位于与世无争的"佛系"。下一次，当你开发出一款产品或写好一个营销方案时，不妨先问问身边的女性，看她们是否感兴趣。

6. 被释放的表达欲

赛博空间[①]的日益发达，解放了一大批患有社交恐惧症和自称患有社交恐惧症的灵魂。发布信息的低门槛和高激励（点赞、分享等产品机制），让人们越来越乐于表达自己，随手发布观点或分享

---

① 赛博空间 (Cyberspace)：是哲学和计算机领域中的一个抽象概念，指在计算机及计算机网络里的虚拟现实。赛博空间一词是控制论 (cybernetics) 和空间 (space) 两个词的组合，是由居住在加拿大的科幻小说作家威廉・吉布森在 1982 年发表的短篇小说《全息玫瑰碎片》(*Burning Chrome*) 中首次提出的。

生活点滴，即使他们在生活中依然是羞怯、保守的人。

数字媒体公司SweetyHigh's去年针对600名Z世代年轻人（指1996—2010年间出生的一代，是受互联网影响很大的一代人）进行了一次"收送节日礼物习惯及影响因素"的调查，发现58%的人希望收到的礼物可以在社交媒体上收获点赞和分享，在13~16岁的受访者中，52%的人表示希望收到自己愿望清单上列出的礼物，而非得到惊喜。

礼物，要晒得出的才是最好的，收到礼物时的惊喜变得不那么重要了。虚拟空间中的个人形象经营开始受到重视，拍照打卡快要成为一种仪式了，"人人都是演员"的时代正在降临。

2023年，一款名为"妙鸭相机"的微信小程序，用户只需要上传20张自己的人脸或上半身照片，就能通过AI技术"生成一个专属数字分身，还能切换国风、职场、影楼等各种风格。"妙鸭相机"爆火的底层逻辑，就是大部分用户热衷于在社交网络表达自己、展示自己，而且是AI生成的照片经过了美颜修饰，因此用户的分享欲望就更强了。

互联网的毛细血管已渗透到全球一半的人口中，大众注意力的聚散起伏必将更加凶猛。注意力转移的频率飞速加快，如果不想被甩在后面，就必须走在前面，比起简单粗暴的爆款分析，弄清楚万变不离其宗的大众心理才是最佳捷径。

我的心得笔记

Chapter 5

制造记忆提取码

沟通力

如何才能制造记忆提取码让心智显著性得到提升呢?
有三个要点:一是信息足够简洁,
二是信息尽量形象(这两者的目的都是降低记忆和提取的成本),
三是重复(目的是制造记忆锚点)。

在大多数人的认知里，文案工作门槛较低，理论上，只要懂得中文的人都有成为一名文案工作者的可能。然而想要成为一名优秀的文案工作者，门槛却并不低，它要求从业者不仅具有洞悉市场的理性头脑，也要有洞察人性的感性心肠，并且还得有足够的功力和技巧，将这些认知以文字的方式与受众进行有效的沟通。

因此，会沟通这件事就变得至关重要，它直接关系着信息传递的效果和体验。文案必须把话说得在理并且说得漂亮，才能潜入受众心智，说服受众产生购买行为。

沟通有多重要，就有多难，做到"说人话"顶多只能达到及格线。不信我们可以用下面这个例子测试一下自己。

当女朋友问你"你觉得我闺密这人怎么样呀"时，你该如何回答，才能把这道"送命题"变成送分题？

A 答案
挺漂亮的。

B 答案
不怎么样，比你差远了。

C 答案
我没怎么注意她。

> D 答案
> 看得出来她对你挺真诚的,你应该珍惜这样的朋友。

A 答案一看就是完全不懂女性心理,竟敢在自己女朋友面前夸赞身边的女性?"注孤生"没悬念了。选择这样回答的人恐怕也成不了一名优秀的文案工作者。

B 答案乍一看似乎已经有了"溜须拍马"的意识,但实则隐含着这样的信息:你已经在关注闺密,并且暗自拿她和女朋友进行了比较。女朋友知道了能开心吗?

C 答案倒是有种一心想要堵住话茬的决绝,可惜听上去虚假而敷衍,想必"狡诈"的女朋友也不会相信。

D 答案的高明之处在于,它完全换了一种思路,避开女朋友挖的坑,完全站在女孩角度去理性作答,让女朋友产生一种备受呵护和关怀的感觉。这样的沟通方式才算得上标准答案。

和揣摩女孩的心理异曲同工,文案工作者也需要不停地揣摩受众的心理和需求,在撰写文案的过程中,需要用到一些技巧帮助我们更好地洞察人心、梳理思路和精练表达,下面的 4 个法则或许可以助我们写出沟通力更强的文案。

1. SCQA 结构:高效沟通的"万能框架"

SCQA 结构是麦肯锡公司提出的一种逻辑思维方法,它包含情境（situation）、冲突（complication）、问题（question）、答案（answer）四部分，如图 5-1 所示。

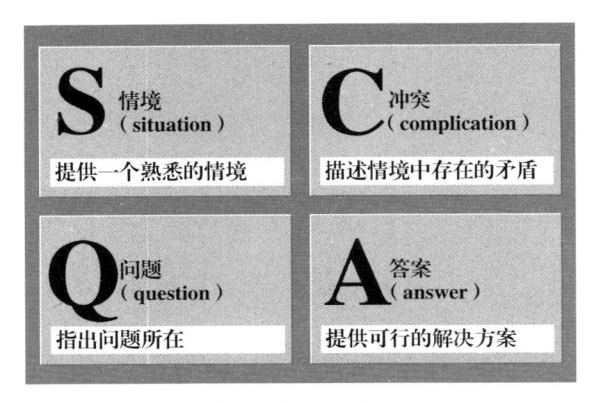

图 5-1 SCQA 结构

SCQA 结构的优势在于，它一直在引导你站在受众的角度考虑问题，而非自说自话。在文案写作中，也可以利用这一结构提升受众的兴趣与接收意愿。

在许多经典的文案中，可以看出清晰的 SCQA 结构，在不同类型的文案中，则会分到侧重 SCQA 结构中的某一个部分。如非刚需实用型产品，文案会把更多的精力放在对情境（situation）和冲突（complication）的描述上，以充分调动起受众的共鸣和情绪。而实用型产品的文案可能更加注重阐述答案（answer）部分，提出详细的解决方案，用理性说服受众。

在印度文案大师 Freddy Birdy 撰写的一组主题为"如果没有人陪伴，连茶的味道都会不一样"的文案中，就将情境、冲突和问题融在一句较短的文案中，达到引起大众共鸣，从而关注老人的目的：

倘若你想醒来时躺在另一个人的怀里，
而不是空荡荡的床上，怎么办？
倘若你在等待门铃响起，
却没有一个人来，怎么办？
倘若你穿上一件新的纱丽，
但只有你的镜子注意到了，怎么办？
倘若你做了一道刚学来的菜，
但餐桌旁总是只有你一人，怎么办？
倘若日子就这样无情地流逝，
而世界还在飞速运转，怎么办？
倘若你有一生的故事要讲，
却没有人来听，怎么办？
倘若这一切突然之间发生在你身上，怎么办？
你只要花一点儿时间陪老人就够了。

在另一组主题为"如果眼泪是自己的手擦干的，那它就白流了"的文案中，SCQA结构则更加明显和清晰：

你可以坐在办公室的装有椅套和软垫的椅子上，
抽出你的支票本，
拧开笔尖，
用黄金做的万宝龙水笔，
给你最喜欢的慈善机构捐献一笔巨款。
内心感觉很舒服，
但是，老人不需要你的钱。

> 你能捐献一点点时间吗？
> 你只要花一点儿时间陪陪老人就够了。

而在小米平衡车的一段文案中，在描述更强路面适应性这一特性时，用到的则是侧重描述答案（answer）部分的 SCQA 结构：

> 出发的乐趣，不仅是对平坦大道的向往，更是对崎岖小路的挑战。让平衡车坡路行驶，或平稳通过小障碍并不容易，单纯靠高性能电动机难以保证平衡性与安全。为此，工程师精心设计"动态动力算法"，它可以自动识别小障碍或坡路，根据当前路况动态调整瞬时功率。当遇到小障碍时，电动机会临时增加功率，并增强整车稳定性，让你可以舒适通过。9cm的高底盘在平衡车中为超高标准，辅以精心设计的"吸震脚垫"可以显著降低颠簸震动。更强的路面适应性，让我们可以随心所欲，来一场说走就走的小探险。

2. 蜥蜴脑法则：改变行为比改变态度容易

芝加哥大学社会学博士吉姆·柯明斯（James Crimmins）曾在《蜥蜴脑法则》一书中提出一个观点：如果你想说服一个人，就不要和他的大脑皮层对话，而是要和他的"蜥蜴脑"对话。他认为人的大脑有三层结构，分别承担不同的功能，大脑皮层掌管理性，中间哺乳动物脑掌管情绪，最内层就是蜥蜴脑，掌管人的行为。

为什么与蜥蜴脑沟通最重要呢？吉姆·柯明斯的核心观点是：改变行为比改变态度更容易。比如情场新手在交往初期，会着急得到女方明确的表态，而情场高手则会跳过这个步骤，直接引导行为，如带她去喜欢的餐厅，送她鲜花，包揽换灯泡、修电脑等各种活计……用恋人间的亲密行为引导女方默认恋爱关系达成的事实。

又好比你爱吃肯德基，但离你家最近的肯德基有5千米，而楼下正好就有一家麦当劳，因为便利你会经常购买麦当劳。虽然你喜欢肯德基的态度不会因此改变，但你的行为已经发生变化。

对于文案工作者而言，蜥蜴脑法则能提供的启发是，不用费劲去改变受众的态度，即便那样做能成功也注定是一个艰难漫长的过程，文案工作者要做的就是提供给受众一个看上去更轻松的解决方案，并提供利益促使他们去尝试，从而产生行为上的改变。

威廉·伯恩巴克在为甲壳虫汽车撰写的文案中，就以"Think Small"（想想还是小的好）为主题，不去试图改变人们喜欢宽敞的豪华车的态度（这几乎不可能实现），而是竭尽所能去描绘小的好处：

> 我们的小车不再是个新奇事物了。不会再有一大群人试图挤进里面，不会再有加油站工作人员问汽油往哪儿加，不会再有人觉得它形状古怪了。
> 事实上，很多驾驶我们的"廉价小汽车"的人已经认识到它的许多优点并非笑话，如1加仑[①]汽油可跑32英

[①] 1加仑≈4.4升。

里[1]，用不着防冻装置，一副轮胎可跑 4 万英里。

也许一旦你习惯了甲壳虫的节省，就不再认为小是缺点了，尤其当你停车找不到大的泊车位，或为很多保险费、修理费而发愁，又或为换不到一辆称心的车而烦恼时，请考虑一下小甲壳虫车吧。

3. 沟通升级：从线性模式到交流模式

许多人所谓的沟通其实是线性的。线性模式的交流单纯地将沟通理解为信息传送者对信息接收者的传递行为，而忽视了可能产生"外在噪声"的因素。比如沟通的过程中到底有几个传送者与接收者？沟通是否会受到文化、情境或人际关系背景的影响？信息传送者和接收者的信息储备、语言体系、认知状态是否处于同一水平？

这些"噪声"的干扰，往往会导致沟通效果大打折扣。交流型的沟通模式则对线性模式进行了扩充和升级，它认为传送和接收信息并不是割裂的，很多情况下我们在传送信息的同时也在接收信息，并且沟通同时具有内容和关系两个向度。

沟通的内容向度是指那些客观信息的交流，比如行车的路线、窗外的天气状况等，但除了这些明确的内容，人们的日常沟通还有关系向度，也就是你在描述一个事实的同时，也在表达你对对方的感受。

---

[1] 1 英里 ≈ 1.69 千米。

因此，在撰写文案的时候，除了确保信息的精准度，还需要充分了解受众的背景，并提前设定好你和受众的关系：是亲是疏，是严肃是俏皮，是并肩"吐槽"还是上帝视角，都得根据产品和使用者的属性来进行设定。

在网易新闻推出的2017年年度态度海报的文案中，就采用了一种与年轻人朋友般亲密的沟通方式，好像几个老友坐在天台，喝着碳酸饮料，吹着凉风娓娓"吐槽"一般，把生活中的"丧气"一吐而出：

不然以后直接

把工资打给房东吧

不用费心

让我转交了

饿了

没人问

"饿了么"

仔细照照镜子

你正在以

肉眼可见的速度

平庸下去

而许舜英为中兴百货撰写的文案中，则使用了某种咄咄逼人、颇具距离感的语气，好像站在远处道出真理，营造出百货商店的调性：

到服装店培养气质,到书店展示服装。

但不论如何你都该想想,有了胸部之后,你还需要什么?

脑袋。

有了爱情之后,你还需什么?脑袋。

有了钱之后,你还需要什么?脑袋。

有了 Armani 之后,你还需要什么?脑袋。

有了知识之后,你还需要什么?知识。

4. 心智显著性法则:制造记忆提取码

心智显著性(mental availability)是拜伦·夏普(Byron Sharp)在《非传统营销:营销专家不知道的品牌成长规律》(*How Brands Grow*)一书中提出的概念,指的是广告信息在心智中被主动记起的能力。也就是说,只有当广告信息具有显著性时,被记起的概率才会更大,简单地说,就是容易被想起来的东西总是更能讨巧。

如何才能制造记忆提取码,让心智显著性得到提升呢?有三个要点:一是信息足够简洁,二是信息尽量形象(这两者的目的都是降低记忆和提取的成本),三是重复(目的是制造记忆锚点)。

简洁很容易理解,能用 5 个字清楚表达的信息,就不要用 10 个字,能分类归纳的信息,就不要散乱无章,文案工作者必须用自己的勤奋去成全受众的懒惰,这是一种能量守恒。

尽量让信息形象也是同样的道理。过于抽象的信息就像"正确的废话"，而形象的信息却更容易引起受众注意，并容易在记忆中存留。比如某公众号在撰写一篇关于啤酒的文章时，标题是这样写的："为什么啤酒瓶盖上的锯齿总是 21 个？"这样充满具体细节的标题显然比"一些关于啤酒的冷知识"更容易吸引受众注意，并且受众此后在看到啤酒瓶盖时很容易会想起这篇文章。

重复，不仅指增加信息曝光的频次，也是指在同样篇幅的文案中，需要尽可能重复想要传递给受众的最核心信息。重复并不是指同样文字的重复出现，而是指同样信息的重复出现，至于其在文案中的表达方式则是可以进行调整的。

比如"小红书"一组印在包装盒上的文案是这样写的，"今天的心情三分天注定，七分靠 shopping""出来混，包迟早是要换的""最短的恐怖故事？售罄"……不同的段子其实都可以翻译成同一个核心信息：买买买，赶快！

一名文案工作者要越过多少山丘，才能达到胸中有丘壑，口中吐莲花的境界？即便是会沟通这一基本的素养，也需要经过不断打磨。SCQA 结构、蜥蜴脑法则、交流模式和心智显著性法则，可以帮助你提升文案的沟通力，让信息更流畅且无折损地潜入受众心智。

我的心得笔记

Chapter 6

好文案像猪蹄子 金句力

金句型文案就像猪蹄子一样，充满诱惑。它是"太平了""记不住""没亮点"的对立面，是洞察力、思维锐度和文字游戏的完美结合体。

新媒体时代，是一个推崇金句的时代。现实的原因是，受众每天接触的信息太多了，注意力已经成为一种极度稀缺的资源。如果文案太平庸，就很难被受众注意、记忆和传播。金句的本质，是通过文案对信息进行包装，让它们变得更显眼，更容易被受众接收和记忆。

在写出金句之前，我们需要思考一下，到底什么是金句。我曾经总结过不同文案之间的区别：

三流文案像凉开水，不管饱，也不解馋。

二流文案像白面馒头，能填饱肚子，但噎人。

一流文案像猪蹄子，有筋有肉，禁得住咀嚼，回味无穷。

金句就是第三种文案，像猪蹄子一样，充满诱惑。它是"太平了""记不住""没亮点"的对立面，是洞察力、思维锐度和文字游戏的完美结合体。具有金句特质的文案不仅新奇，并且总能识破人们内心的小情绪，戳破一些"阴暗面"，让受众感慨"还是你懂我啊"从而产生记忆点，下次再遇到相似境况时他们就会再度想起，进而提升对品牌和产品的兴趣和好感度。

那么，怎么才能写出文案金句？有哪些思路和技巧呢？我们通过一些案例来进行练习。

如果要给一家健身房写文案，你会怎么下笔？

A 文案

　　一流健身器材，练出完美身材。

B 文案

　　每天坚持健身，减压、减肥又塑形。

C 文案

　　不开心的时候，流泪不如流汗。
　　每次洗完澡站在镜子前，都舍不得穿上衣服。

　　A 型文案很常见，使用了极端的形容词和无意义的押韵。在各大电商网站的无数产品详情页上，大家已经见过它们太多次，但它们却像一群群打了照面就消失的路人，始终走不到受众心里去。

　　B 型文案开始抛弃云里雾里的形容词，和受众讲起道理来，文字朴实，注重说理。可是在信息爆炸时代，受众听过的道理比你吃过的盐都多，"道理我都懂，就是懒得动"才是现实。不把血淋淋的真相剖开，很难影响受众的决策。

　　C 型文案懂道理，更懂洞察，也适当地使用了文字游戏。它洞察到了 B 型文案中"减压、减肥、塑形"背后那些真实的原因，每一句都有场景、有画面感，在文字上也运用了一些小技巧，比如"流汗"和"流泪"的比照，以及对"洗完澡照镜子"这一常见小动作的调侃。

写出金句型的文案，关键在"软硬结合"。软是指敏锐的洞察力，它是让文案"有嚼头"的前提，然而提升洞察力需要对思维方式进行长期、刻意的训练。硬则指过硬的文字功底和技巧。其实随着年龄增长和对消费心理认知的提升，许多文案工作者都对所谓的人性有了或多或少的了解，但如何运用文字的功力将它们巧妙地表达出来，却成为一大难题，这，也是本书这部分内容主要想解决的问题。

　　《恶之花》的作者波德莱尔曾说："我整个一生都在学习如何构建句子。"足见大师之作得以流传于世，除了因为思想深厚，也离不开扎实的文字功力。将文案打磨成金句并非无套路可循，以下是我归纳总结的 7 个技巧。

1. 押尾韵

　　押尾韵是一种比较常见的文案玩法，押尾韵能让文案变得朗朗上口，更加易读易记。比如天猫超级品牌日文案"浪漫无法复制，但礼物可以被定制"，就通过"复制"和"定制"两个词押尾韵，鼓励用户购买天猫的定制款产品，向心仪的人展示浪漫，这样的押韵让文案更上口，容易记忆。"陌陌"的文案"世间所有的内向，都是聊错了对象"，也是将"对象"和"内向"押了尾韵，其实不过是将"生人面前害羞，熟人面前话痨"换了个说法，核心信息不变，但运用文字技巧，让文案变得新鲜有趣不少。

　　异曲同工的还有，"米其林餐厅的味道真贵，妈妈的味道珍贵"（"今日头条"）；"故乡眼中的骄子，不该是城市的游子"（房地产文案);"将所有一言难尽一饮而尽"(红星二锅头);"一切顺利就觉得自己真行,遇到麻烦事就怪水星逆行"(UCC coffee shop)……这些都是使用押尾韵法的成功案例。

生活服务平台美团曾在一组主打"省钱"的海报中,展示了这样一个场景:一对年轻男女初次相见,相约去逛美术馆,男孩用从美团上团购的优惠券购买了门票。海报文案用押尾韵的方法这样写道:

> 初次见面怎么花钱,决定了以后能不能一起花钱。

这句文案连用两个"花钱"押尾韵,强调了消费观、金钱观在恋人关系中间的重要性,同时也体现出美团在用户日常生活中起的省钱作用。

这里需要提醒一下,无论我们想要写金句还是写段子,都不是为了玩文字游戏而玩文字游戏,明确想向受众传递什么信息、提供什么价值,才是最重要的。在这个基础上,再对文字进行打磨。

2. 对比法

对比法也是创作金句的一种实用方法。对比的使用,能塑造强烈的反差,让文案形成一种内部的张力,起到突出核心诉求点的效果。比如"爱你可以不留余地,但家里最好不要太挤"(房地产文案),把爱的宽广和家里的狭小进行对比,引发受众对大户型的渴望;比如那句非常著名的红酒文案"三毫米的距离,一颗好葡萄要走十年",也是通过"三毫米"这样一段微小的距离,和"十年"这样一段悠长时间的对比,道出酝酿一瓶好酒的背后,生产者所付出的巨大成本;诸如此类的还有"电视上预报了这一周的天气,没人能预知我下一秒的情绪"(网易新闻),道出了当代青年情绪活跃的特点。这句文案出自网易新闻一次名为"亲密关系无能"的线下活动的宣传海报。

在广告文案中使用对比法而产生的金句十分常见:

你消化一餐外卖要300分钟,地球消化你的餐盒要300年。(百度)

管得好上百人的公司,却老弄丢自家的钥匙。(360智能家)

你有一颗比十万八千里还远的心,却坐在不足一平方米的椅子上。(别克昂科拉汽车)

你们去征服世界,我只想征服一个人的胃和心。(下厨房)

如果我们要用对比法为一款面膜写文案,突出它抗老的功效,应该怎么写?最常见的就是"冻龄""逆龄""敷出婴儿肌"这样的写法,然而我们不妨换个思路,用对比法创造一句金句试试:

> 对有的女人而言，岁月是兵戎相见的敌人，对另外一部分女人而言，岁月是关怀备至的朋友。

这句文案通过"敌人"与"朋友"的对比，向受众展示保养的重要性，时间不一定只会让美丽流逝，也会为美丽增添韵味。每个女性或多或少都有对衰老的恐慌，每个女性也都有追求美丽的欲望，使用这样的对比法，能更好地激发她们购买面膜保养自己的冲动。

3. 拆解法

比起押尾韵和对比法，拆解法的难度会更大，也更需要文字技巧。拆解法的优势在于，在拆解词汇的过程中，可以制造出新的内涵，让受众感觉新鲜有趣。

台湾地区全联超市在诠释其经济美学时，就使用了"来全联不会让你变时尚，但省下来的钱能让你把自己变时尚"的文案，拆解了"时尚"一词，让超市这样一个听上去不怎么酷的地方，也和年轻、时尚扯上了关系。天猫的文案"穿着舒服就好，是指你穿着舒服，别人看着也舒服"，则把很多人挂在嘴边的"穿着舒服就好"进行了再度演绎，道出衣品的重要性。"买补水产品，是为了给你的年龄掺点水分"，则把"补水"拆解为"给你的年龄掺点水分"。

除了意义层面的拆解，还有针对词语本身的拆解，比如大众点评网的"吃都吃得没滋味，怎能活得有滋有味""年轻人需要指点，但不需要指指点点""有些人喜欢说自己是外貌协会的，结果自己的外貌却进不了协会"都属于此类。

4. 比喻法

比喻是一种捷径。许多作家和文案大师都留下过精妙的比喻句。比如英国散文家查尔斯·兰姆的"童年的朋友，就像童年的衣服，长大了就穿不上了"。

比喻的创作技巧和禁区，在本书第 2 章中已有详细介绍。当我们使用比喻法写作金句时，除了要有文字层面的技巧，更需要洞察本体和喻体之间的相似之处，否则只会让受众云里雾里，不知道文案到底想要传递什么信息。

5. 颠倒法

天猫"双 11"的一组海报文案是这样写的："扮成潮人，就是不要消失在人潮""把好的物品带回家，是为了把更好的状态带出门"，为"剁手族"提供了释放物欲的理由。许舜英为中兴百货写的"到服装店培养气质，到书店展示服装"，则点破了女性摇摆于物质与精神之间的心思。

6. 反常识法

用文案表达一些颠覆惯有认知的道理，易于引起人们的注意力和好奇心，反常识法也是写作文案金句经常使用的方法。比如坚持每天来点"负能量"的咖啡品牌 UCC coffee shop 告诉人们："这世界上的傻子不一定真的脑袋不好，但一定自以为聪明。"在大众的常识中，傻子就等于脑袋不好，但 UCC coffee shop 却告诉大家，那些自以为聪明的才一定是傻子。又比如鼓励用户坚守精神角落的豆瓣网，告诉大家："最懂你的人，不一定认识你。"在人们的常识中，懂一个人的前提肯定是认识这个人，但豆瓣网却通过反常识的方法，道出那些熟悉你的人不一定认识你的精神角落的现实，而虚拟世界中的友邻，却可能更明白你的内心。

7. 故事法

用文案写出一个故事，也是金句的打造法之一。多年前万科集团一组主题为"让建筑赞美生命"的海报，围绕建筑这一作为人们栖居之地的空间，发散出一个个寻常又动人的故事，人文气息弥漫字间。

一块砖如何在时光中老去,
一只邮箱怎样记载一段斑驳的爱情,
一次涂鸦又印记着什么样的童年,
甚至爬山虎的新叶,
甚至手指滑过墙面的游戏,
都是建筑最生动的表情。
万科相信,扎根生活的记忆,
建筑将无处不充溢着生命。

生活着,就有生活着的痕迹。
那枚挂过书包的洋铁钉子,
门框上随身体一起长高的刻度,
还有被时间打磨得铮亮的把手,
所有关于生活的印记和思考,
总在不经意间铭刻在空间的各个角落,
由岁月成篇,堆积出记忆的厚度。
万科相信,唯有尊重生命历史的建筑,
才能承载未来可持续的生活。

如果,
庭院失去鸡飞狗跳的童年,
厨房失去油盐酱醋的熏陶;
如果,
窗口失去欢聚倾谈的灯影,
阳台失去春花秋月的演绎,

建筑,
将只剩下冰冷的材料与空洞的堆砌。
万科相信——生命需要不同的表达,
而建筑恰是它最自由的舞台。

金句虽然令人着迷,但起到的作用只能是锦上添花,准确的洞察和对效果的把控才是一个文案工作者的基本素养,所以,千万不要勉强,毕竟"小聪明"和"抖机灵"绝对不是金句的真正含义。

我 的 心 得 笔 记

Chapter 7

把聚光灯让给受众

传播力

在每一位受众的大脑中，都安置有一个隐形的信息过滤器，它就像一个闸门那样，帮助人们拦截、过滤掉那些无关紧要的信息，只将保留下的部分进行加工、处理。

文案的目的是沟通，但优秀的文案不仅能将信息顺利地传递给受众，它的身上还具有传播力，能够让受众主动地将它口口相传下去。对一名文案工作者而言，如果我们不能清晰地理解传播的原理和逻辑，那么即使内容本身再优质，也很难引起广泛的认同与传播。那么，怎样才能通过文字有效地吸引受众注意力？怎样才能让内容打动人心？怎样才能让内容具有说服力？弄明白一些传播原理、技巧、趋势，能帮助我们打造文字的自传播力。

1. 新媒体时代的内容传播逻辑

在过去不到 10 年的时间内，传播环境已经发生了剧变。我们先来看看，在传统媒体时代，也就是纸媒、电视、广播占据绝对传播优势的时代，信息传播的逻辑是怎样的，如图 7-1 所示。

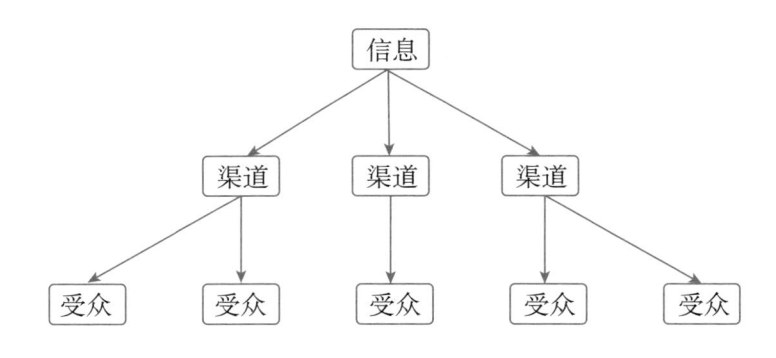

图 7-1　传统媒体时代传播路径图

从图 7-1 中我们可以看到，传统媒体时代的整个传播路径图呈现金字塔的形状，因为在传统媒体时代，信息的生产和分发（也就是渠道），都掌握在记者、编辑等少数人手里。

因此在传统媒体时代，信息的传播是一种单向传播，从信息源头到几个主流渠道，再到受众。信息到了受众这里已经是末端，一般情况下，不会再有大规模的下一步传播。在这个时代，渠道的地位必然是比较高的，它几乎决定了受众能读到什么内容。

我们再来看看，到了新媒体时代，信息传播的情况发生了哪些变化，如图7-2所示。

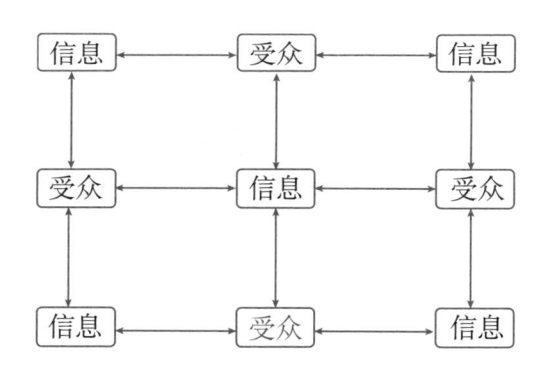

图 7-2 新媒体时代传播路径图

在图7-2中我们可以看到，新媒体时代的传播路径呈现网状的结构。在以社交媒体成为主流传播渠道的新媒体时代，每个人都可以生产信息、传播信息，每个人都可以注册一个微信公众号、一个微博账号，自由地发布自己的观点或转发认同的观点。

因此在信息传播的过程中，受众的主动权提升了，渠道的力量减弱了。受众从被动地接收信息，到参与创造信息、传播信息，他们已经是这个时代信息传播的重要参与者。我们自己，我们的朋友同窗、家人，都在传播着自己喜欢或者自己认为有价值的信息，这个时候，信息的传播就变成了一种复杂的多向传播，呈现出网状的结构。

就像互联网学者凯文·凯利所说的那样，任何网络都有两个要素：节点和连接。互联网时代，节点正变得越来越小，而它们之间的连接越来越多，越来越强。这段话怎么理解呢？在传统媒体时代，主流媒体，比如电视台、报社、门户网站等，就是凯文·凯利所说的大节点，是流量的入口；而现在，流量的大入口是微信等社交平台，流量进入它们之后，又被分散到无数个微信公众号、微博账号上，这些自媒体，就是一个个比较小的节点，而用户转发的传播行为，就是节点之间的连接，是它们，决定了传播的深度和广度。

据微信平台曾经公布过的一组数据，**80%** 的用户都是通过朋友圈阅读内容，而不是直接去订阅号里阅读的。这个数据从侧面告诉我们，想让内容被更多的人看到，关键在于，让他们转发、分享到朋友圈。

通过对传播大环境和微信数据的分析可以看出，传统媒体时代，我们的文案只需要让受众，甚至只需要让编辑觉得好看，就算得上成功。而新媒体时代，我们的文案不仅要好看，还必须让受众想转发，这才是让文案获得传播力的关键。

2. 信息过滤器原理：抓牢受众注意力

在现代商业社会中，人们每天都暴露于海量信息的洪流中，为了确保大脑能够正常工作，他们必然不会对这些信息来者不拒、照单全收。在每一个人的大脑中，都安置有一个隐形的信息过滤器，它就像一个闸门那样，帮助人们拦截、过滤掉那些无关紧要的信息，只将保留下的部分进行加工、处理，避免信息超负荷情况的发生。

身为文案工作者，我们不会希望自己输出的信息被当成无用的噪声，失去被受众接收、消化的机会。那么，让信息顺利通过过滤器的正确方式是什么呢？我总结了 4 个要素。

1）信息与人的关联度

Facebook 的 CEO 扎克伯格曾经说过一句话：人们对自己家门口一只濒死松鼠的关心，更甚于对非洲难民。

现实就是如此，人们对那些与自身关联度高的信息往往更敏感，不愿意错过。这就是为什么一些文案可以迅速引起广泛的注意和传播，比如"现在盛行一种新毒药，它可能就在你家冰箱里""把这些东西放在床头，是引发起床气的原因"等，它们描述的都是大众熟知的事物，都与大众的生活息息相关。

毕竟，对大多数人而言，冰箱里的细菌确实比国外发生的战争更让人胆战心惊。所以下一次，当你撰写文案时，不妨找到那些与目标人群关联度更高的切入点，在动笔之前做更多的功课，对目标人群的知识、经验的背景进行调查，并借助与这些知识、经验强相关的因素吸引目标人群的注意力，让我们的文案更加顺畅地通过过滤器的拦截。

2）信息源头的可信度

信息源头的可信度这一要素比较容易理解。就像广告片里美艳动人的女明星对你说一万句"××精华，让皮肤不加'斑'"，也不及听你的闺密说一句朴实无华的"这精华效果不错"，尤其当你眼见着相貌平平的她最近变得容光焕发了不少时。

受众对信息源头的信任度越高，信息就越容易通过过滤器，并且有更大的概率影响受众的行为。这也可以解释，为什么垂直领域的 KOL 对受众的影响力越来越大，微信大号的推荐可以在几分钟内让某款产品销售一空，根本动力是粉丝对其审美和人品的信任感。

3）信息的新奇度

旧有的、平常的信息，绝对位列被过滤器拦截的第一梯队。受众对新奇信息的刺激有一种天然的反应机制，这也是新闻业立足的根本。如果你要为一家连锁超市策划一场活动，目标是宣传超市品牌，同时吸引更多的潜在消费者，你会怎么做？全联超市就推出过一场另类的走秀。宣传海报中，在秀场的中央，白发老人取代了妖娆模特，全联塑料购物袋取代了奢侈手提包，简单的白T恤上印着传递核心诉求的文案，这一次，全联超市对其生活美学的阐释多了一些新奇与幽默：

价格跟血压、血脂、血糖一样，不能太高。

> 谁说我老花眼？谁贵谁便宜，我看得一清二楚。

> 就算记性再差，也不会忘了货比三家。

> 牙齿或许不好，但划算的一定紧咬不放。

4）信息的简易度

人的大脑天然抵触那些复杂的信息，因为加工它们需要更高的成本。不信我们可以问问自己，当我们同时面对"液体氦的 λ 现象和波色 — 爱因斯坦凝聚态"和"100秒看完100年物理发展史"两条信息时，我们的大脑会不由自主地抗拒哪一条信息？那些帮助受众进行了提炼和简化的信息，更容易被他们接受，传播的成本也会更低。

3. 心理需求原理：让传播针针见血

如果你想让内容具备较好的传播力，那你必须先规划好它的功能：它到底能够满足受众哪一种需求？不同类型的受众群体，他们的心理需求中最强烈或最容易得到满足的分别是哪些？

1）认知的需求

人们通过媒介获取信息、知识及认同，本质是在不断地完善对世界及自身的了解。如果你的内容是要满足受众认知的需求，那么关键就在于要有信息增量，即告诉受众一些他们此前不知道的信息。

那么内容要如何引起受众的注意呢？仅仅制造悬念是不够的。如果你的内容想要满足受众认知的需求，有一个实用的技巧是利益点清晰 + 制造悬念。利益点清晰非常重要，因为它其实是在告诉受众，我这里有这么一箩筐知识；而制造悬念则是告诉受众，这些知识你还不知道。

这么一来，其实就打开了受众的好奇心缺口，使他们产生好奇、产生获取认知的兴趣。比如"创业公司 CEO 选拔人才的 5 大铁律""99% 的新媒体人在蹭热点，他用这些方法创造了热点"这类内容，就满足利益点清晰 + 制造悬念的原则，能有效引起目标人群的注意力。

2）情感的需求

"20 世纪 40 年代美国的一项调查发现，有很多家庭妇女收听广播剧的动机就是获得哭泣的机会。受众有在媒体接触中满足情感需求的强烈动机。"（《心理学理论怎么用：传播心理学》，方建移著）

人的情感需求有很多种类型，其实人们不仅追求愉悦，对那些引发伤感情绪的事物也同样着迷，而更年轻的群体则喜欢从"逗趣""呆萌""丧"的情绪中寻求认同感。

据输入法公司 Kika 发布的数据报告，2016 年全球移动互联网用户使用最多的 Emoji 表情为"笑哭"表情，它同时也是《牛津词典》2015 年年度词汇。为什么这个表情那么受欢迎？最关键的一点是，它模棱两可，可以表达的情绪含义非常丰富：破涕为笑、哭笑不得、无奈、尴尬、自嘲……堪称线上社交的"万金油"。

这个颇受欢迎的"笑哭"表情可以从一个侧面告诉我们，在当前的营销环境中，受众对某种单一的情绪表达早已经司空见惯，而那些复杂、微妙的情绪表达更能引起他们的共鸣，并且容易引发更多的解读、讨论与传播。

日本休闲服饰品牌 Lowrys 就曾拍摄过一组短片，主角是一群神经大条、有点古怪的女孩，她们会做出以下举动：在石头上游泳，在街头疯狂转圈，在寺庙前倒着走路，在桥上奇怪地舞蹈……颠覆了过去时装广告中那些精致、优雅、完美的女孩形象。然而正是这些神经大条的女孩，很容易让人想起身边的某个古灵精怪的朋友，甚至想起自己，这正是品牌想要传递的情绪，让有趣、可爱，又带点小古怪的形象打动消费者。

4. 弱刺激原理：提升内容的说服力

人的感官只能对一定程度内的刺激做出反应，这叫作"感觉阈限"（sensory threshold）。比如我们很难感受到一粒灰尘落到脸上，因为它超出了我们的感觉阈限。

那么，是不是文案的内容对受众的刺激越强，就越能说服受众呢？诚然，如果内容的刺激过弱、时间过短，那么就很难引起受众的注意，但如果内容的刺激过强、时间过长，超过了受众所能承受的限度，那么反而会引发受众的不良反应。

2017年以来，世界上数一数二的广告主，包括宝洁、联合利华、可口可乐等，都纷纷开始削减创意代理商数量和广告预算，因为它们已经意识到，过于密集的广告轰炸会让受众处于一种"饱和"的状态，反而会降低投入产出比。

从另一个角度来说，在信息过载的时代，在受众日益精明的时代，强刺激的产生和发挥作用已经越来越难了，这时候，弱刺激就成了一种更为有效的说服手段。在文案中使用更加平静、温和、客观的语气进行说服，让受众可以在其已有观念与新观念的矛盾之间，更理智地做出选择，这一策略的本质在于将转变态度的主动权交给受众。

同时，我们必须要清晰地意识到，刺激、说服策略的制定并不能一概而论，而是应该根据目标受众的属性而进行。根据人群的不同，说服策略可以分为两种：单面说服和双面说服。这种策略分类方法最早由美国心理学家霍夫兰等人在第二次世界大战期间，为美国陆军部所做的实验研究中提出，其效果主要视信息接收者的受教育程度及阅历深浅而定。

1）单面说服

"单面说服只呈现传播者所赞同的立场，闭口不谈对立的观点，或一味强调其不足与缺点。"

对于那些受教育程度较低、阅历较浅的受众，单面说服比双面说服更有效，更容易让他们接受，如果向他们讲述相反的观点，反倒会使他们感到困惑，甚至会错解你的内容。比如你要向这个人群推销某款手机，那你就不用拿它和其他品牌的产品进行各种参数的对比了，也不用去揭自家的"短"以显得客观，直接说它快、省钱、耐用就可以了。

2）双面说服

"双面说服是指传播信息包含正反两种立场和观点，承认与自己对立的看法也有可取之处，但巧妙、委婉地表示自己更胜一筹。"

这样的说服方式适合于受教育程度较高、社会阅历丰富的受众，正反两方面的陈述会让自己的内容看起来更加客观，可信度更高，也可以增强目标受众购买的信心。同样以手机为例，面对一二线城市的手机用户和发烧友，手机厂家会搬出许多详细的测评内容，并从操作系统、处理器、镜头、电池、外观等多个角度，全面细微地与竞争对手做比较，用事实说服用户。

5. 影响力方程式

"贵"媒体时代正在退出舞台。过去，企业可以花重金投放主流渠道（报纸、电视等），使用这些声量巨大的"麦克风"向受众灌输品牌观点、推销产品。

如今，随着渠道去中心化、垂直 KOL 崛起，受众好像身处信息的海洋，品牌的声音在进入传播渠道后会被迅速稀释，受众受到刺激的阈值正在不断提升。信息饱和的时代不欢迎孱弱的声音，我们需要付出更多的心力去研究传播逻辑和表达技巧，才能构建起自己的影响力。

关于影响力的变量和它们之间的关系，《纽约时报》畅销书作家克里斯·布洛根曾提炼过一个影响力方程式，如图 7-3 所示。

$$I = C \times (R + E + A + T + E)$$

Impact 影响力
Contrast 对比度　Reach 触及率　Exposure 曝光度　Articulation 表达方式　Trust 信任度　Echo 共鸣程度

图 7-3　克里斯·布洛根的影响力方程式

可以看到，在这个方程式中，对比度（Contrast）是最重要的一个要素，它是指信息的差异性、区别度，这是信息爆炸时代品牌脱颖而出的前提。

触及率（Reach）很好理解，它是指信息抵达受众的量，信息触及的受众基数越大，内容影响力扩大的概率就越大，比如微信公众号的订阅量、微博的粉丝数，都在很大程度上决定了内容的阅读量，即触及率。

如果触及率是指我们和多少人打交道，提升曝光度（Exposure）就是指我们多久和他们打一次交道。曝光度的关键在于把握曝光的时间点、频率、节奏等，比如微信公众号的运营者需要知晓用户阅读的高峰期分布在哪些时间点，最符合目标用户需求的推送频率是什么，依照这些规律去发布会获得更好的流量。

表达方式（Articulation）更多涉及具体的文案技巧。天底下新鲜的道理并不多，同样的道理用不同的方式进行表述，产生的效果可能判若云泥。

信任度（Trust）是决定影响力的一个关键因素，它关系到品牌与用户之间的黏性，也和传播的转化率等密不可分。

共鸣水平（Echo），也就是经常被人们挂在嘴边的"走心"。只有具备了洞察人心的能力，才能赋予内容激起心智共鸣的力量。一般而言，品牌的观点需要触及用户已有的知识沉淀，激起涟漪，才能引发共鸣和理解。

在这个影响力方程式中，触及率、曝光度属于弹性不大的变量，而对比度、表达方式、信任度、共鸣水平这4个变量效果提升的策略与技巧是我们需要掌握的。

1）对比度：信息饱和度与传播率的抛物线

新媒体时代拒绝含糊的观点，信息的对比度越高，被受众识别、接收的概率就越高。然而，信息越新越奇，就越容易受到关注吗？答案是否定的。

事实是，只有当受众所获得的信息和他们大脑里储存的知识形成映射时，他们才能在信息中找到快乐，这种兴奋感会促使他们更认同这条信息，产生转发、传播的动力。这里让我们再引入一组概念：信息传播率和信息饱和度。

就像许多画家、文学家的作品被同代人弃之不顾，却要等数十年甚至数百年后才被世人奉为珍宝那样，内容太新奇、太先锋，往往难以获得人们的理解。在新媒体时代尤其如此，信息饱和度和信息传播率的关系呈抛物线状，如图7-4所示：

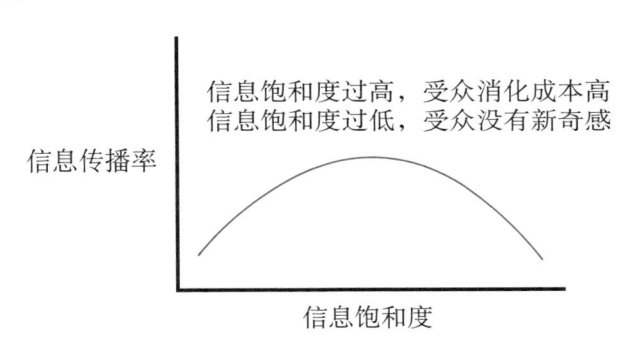

图 7-4　信息饱和度和信息传播率的关系

当信息饱和度过高，比如信息太新或太复杂时，受众接受和消化的成本就会过高，会阻碍他们主动传播信息；而信息饱和度过低，会让受众觉得毫无新鲜感，也不会得到他们的注意和传播。只有当信息的对比度适中时，才能获得较好的传播。

就像我们在前文中提到的，当给别人介绍一种他们没见过的新水果释迦果时，你可以有两种介绍方式。你可以这样描述：释迦果又名番荔枝，成熟时表皮呈淡绿色，覆盖着多角形小指大之软疣状凸起（由许多成熟的子房和花托合生而成），果肉呈奶黄色……

你也可以这样描述：释迦果大小和石榴相近，看上去像是大几号的、绿色的荔枝，果皮上的许多凸起，就像佛祖头顶的肉髻，味道有点像柞果。

对没有见过、吃过释迦果的人而言，第二种描述显然更容易理解，因为它运用了类比的手法，石榴、荔枝、柞果、佛祖的脑袋，都能调动起人们已有的知识储备，而不是对着一堆陌生、抽象的文字如入雾里。

2）表达方式：文案是"拳击手套"还是"羽毛"？

在信息饱和时代，平庸的表达方式会被受众无情屏蔽，笨拙的表达方式会让受众失去耐心，只有那些聪明而独到的文字能像闪电一样击中受众。

就像克里斯·布洛根所说的，高水准的表达方式会让想法如一把剑般锋利，突破认知上的层层屏障，让你恰如其分地接受它的全部内涵。

对文案创作而言，对表达方式的锤炼和推敲并非时下流行的"说人话"那么简单，面对不同的产品、不同的人群，需要选择与之契合的表达方式。

一般而言，高水准的表达方式分为两种，一种是力量型的，就像给文案戴上拳击手套，使之精悍有力，可以有效唤起行动。另一种是挑逗型的，就像给文案插上羽毛，使其具有挠痒痒般的魅力，可以引起人们的好奇心，加深记忆。

写出力量型文案，有三个技巧：从负面情绪着手，多用短句，

Chapter 7 传播力：把聚光灯让给受众

多用动词。

虽然正面情绪能让受众产生愉悦感，但负面情绪往往更有"扎心"的力量。企业办公软件"钉钉"在一组地铁广告投放中，就通过文案去"揭伤疤"，揭开了创业光环下的残酷真相，使创业者的焦虑、疲倦、无奈一泻而出，对目标人群进行情绪冲击，从而制造情感上的共鸣。

"玻璃心，磨成了钻石心"道出了创业者在创业之路上经过千般磨难与挑战后，炼成一颗强大的心脏的不易；"感觉自己会成功，这种感觉已经是第六次"则表现出了创业者依然对自己抱有信心，即使这种信心已经经历过数次摧垮……一组文案，都传递出"创业很苦，坚持很酷"的主题。

多用短句这一技巧很好理解，短小精悍的文案显然比复杂冗长的文案更具力量感，"自律给你自由"就比"节制自己的欲望能让你对人生有更强的掌控力"有冲击力；"漂亮得不像实力派"就比"漂亮得让人不相信她竟然不是花瓶"更有底气。

让文案变短最需要的能力是提炼，首先你可以先将想表达的信息写出来，在这个基础之上再做文字技法上的优化。

多用动词会让表达"活"起来，动词原本就自带力量感。就像前文提到过的，红星二锅头的"把激情燃烧的岁月灌进喉咙""用子弹放倒敌人，用二锅头放倒兄弟""将所有一言难尽一饮而尽"，就通过"灌""放倒""饮"等动词的使用，让文案充满力量感，也与烈酒的产品属性相得益彰。

而创作挑逗型文案的关键词就是：具体。文案的颗粒要很细，充满细节，能够唤起受众对场景的感知。就如罗伯特·麦基在《故事》一书中所说：

> 生动性来源于事物的名称。名词是物体的名称；动词是动作的名称。要生动写作，应回避使用泛指名词和带修饰语的动词，努力寻找事物的具体名称：不要说"木匠使用一根大钉子（a big nail）"，而要说"木匠捶打一根尖铁钉（spike）"。"钉子"是一个名词，"大"是一个形容词。

日本神奈川县牙科医师会一组主题为"你的牙齿没事吧？"的公益广告，就通过挑逗型文案，让受众自行脑补出牙齿疾病带来的尴尬：

> 想"啾"地亲亲小狗狗，
> 它却把头扭到了一边。
> 小朋友给我画的人像，牙齿被涂成了褐色。

挑逗型文案不会像力量型文案那样直戳痛点，却能通过场景的构建、侧面的烘托或悬念的铺设，让受众轻易明白隐藏的信息，并通过这样的"迂回"表达来加深受众的好感度和记忆度。

3）信任度：缺点暴露效应，小怪癖拉近距离

社会心理学上有一种理论叫缺点暴露效应（weaknesses exposed effect），指适当地暴露无伤大雅的小缺点，非但不会对形象造成损害，反而会拉近和他人之间的距离，让自己更加受欢迎。

就像情感类文章里说的"卸下盔甲，袒露软肋"，人们只有在信任的人面前才敢暴露缺点。

因此，适当暴露缺点是一种表示信任的行为，高大完美的形象会拒人于千里之外，而小缺点并不会掩盖主要的优势，反而会让对方觉得真实，小怪癖也更容易拉近关系。

在面对"90后""95后"受众时，这一招尤其重要。当下许多品牌都在探索年轻化道路，放弃自吹自擂的套路，企图获得年轻人的好感与信任。快100岁高龄的奢侈品牌Gucci在2018年3月就为推广手表做了一次风格奇特的线上营销，获得了国外网友一致好评。

Gucci直接使用意大利画家布伦齐诺的一幅画作，为画中一位面有愠色的女子配上"当他给你送花，而不是送Gucci手表时"的文案，正好与这幅画作背后的典故契合：画中女子因求婚者赠送的礼物不合心意而懊恼。

还有"当你买了Gucci新手表忍不住炫耀时"的海报，海报中身着西装的男子为了炫耀自己的Gucci手表而把西服袖口抠烂，诸如这类搁下严肃面孔，以小怪僻、恶趣味示人的营销，往往更容易拉近和受众之间的距离，也更容易打破陌生感、建立信任感。

4）共鸣水平：构建场景，打开受众的情绪阀门

"一个观点引起某个人的注意，必定是因为它勾起了他某种似曾相识的感觉，而它又包含有某个足够突出的差异点因此得以再次引起他的注意。"

这句话里其实已经指出了引起受众共鸣的两个关键因素：唤起让受众似曾相识的感觉，有足够的特点能让受众记住。

下面两句文案，哪一句更容易引起爱美女士的共鸣？

A 文案：
我的女朋友是个爱美的女人，爱美到有点疯狂。

B 文案：
我的女朋友有超过 50 个色号的口红、30 件不同款式的白衬衫，当你打开她的鞋柜时，你会误以为她是一只蜈蚣。

显然，充满细节和场景的 B 文案更容易让女士们产生代入感：谁不渴望拥有全部色号的口红和整整一个衣帽间的衣服和高跟鞋呢？

B 文案不仅让受众有代入感，还具有差异性，也就是描述稍有夸张，50 个色号的口红、30 件不同款式的白衬衫等并非每位女士都能拥有，所以更容易让人产生记忆。

对比度、表达方式、信任度、共鸣水平的提升，需要品牌提升对人群的洞察、沟通策略、文案技巧等。在信息饱和时代，想要脱颖而出的成本加大了，但找到影响力的杠杆并学会撬动杠杆的技巧，更容易让品牌低成本地实现影响力的提升。

6. 新媒体时代传播的 8 个趋势

在许多文案工作者眼里，这是一个"广告太多，受众快不够用了"的时代。新媒体的出现，让内容、渠道和人的关系发生了巨大变化，弄懂这三者之间的关系，是我们做出有效营销的前提。

内容越来越同质化，渠道越来越失控，受众越来越难以取悦，让传统的营销策略和节奏渐渐失效。新媒体时代和传统媒体时代做营销的最大区别，就是我们必须更懂内容传播的规律和技巧，因为这是一个"人人自带渠道"的时代：每个人都有自己的社交账号，每个人都能辐射一群人。

在新媒体时代，受众的心理诉求和认知模式发生了哪些变化？洞察 8 个趋势，才可能做出自带传播力的营销行为。

1）精英思维的溃败：平民的才是可爱的

传统媒体时代，是渠道为王；互联网时代，是内容为王；而现在，是"受众喜欢的内容"为王。

传统媒体时代，信息的过滤权掌控在少数人（记者、编辑）手里，他们在很大程度上决定着受众能看到什么信息，不能看到什么信息。

而在新媒体时代，信息过滤权开始下移，人人都是内容的传播者。"高冷"的内容也许从专业角度拥有很高价值，但那些亲民、有趣的内容更容易获得大众的喜爱，并借助他们的传播收获可观的流量。

传统媒体时代，人脑的认知模式是线性的、高卷入度的；新媒体时代，认知模式却是"非线性的、低卷入度的"。

就像当我们阅读一本10万字的书时，我们会抽出沉浸的时间，从头到尾按顺序地读完；而当我们在网上阅读一篇1000字的文章时，中途则可能会通过文中的超链接跳转到其他文章上去，或被弹出的广告分散注意力。

在新媒体环境下，营销内容再优质，受众也没有精力去欣赏了。他们更喜欢那些与自己关联度高、可参与度高的内容。在这个时代，"接地气"内容的历史地位第一次超越了"高大上"的内容。

2）人人都是演员：受众内心戏需要舞台

传统媒体时代，企业对渠道的掌控力较强，受众通常扮演倾听者的角色，信息呈现单向传播模式。新媒体时代，由于人人都自带传播渠道，信息传播模式变成了复杂的多向传播。

在这样的媒介环境下，受众自我表达的欲望也越发茁壮，他们的意志和偏好成为营销能否成功的一个关键点。

在这个"人人都是演员"的时代，受众需要的不是引导，而是表达。营销者更应该考虑的不只是创意有多巧妙、内容有多精良，而是如何为受众的内心戏提供一个舞台，UGC（User Generated Content，用户原创内容）开始成为营销的一个关键词。

3）深潜者和快艇手：比起记忆，受众更擅长遗忘

《浅薄：互联网如何毒化了我们的大脑》一书的作者尼古拉斯·卡尔认为，纸媒时代我们获取信息就好像戴着潜水呼吸器，在文字的海洋中缓缓前进，而在互联网时代，我们就像一个个摩托快艇手，贴着水面呼啸而过。

对网络的使用，导致我们在生物记忆中保存信息的难度加大，我们被迫越来越依赖互联网上那个容量巨大、易于检索的人工记忆，哪怕它把我们变成了肤浅的思考者。

在这样的环境下，受众的大脑不再依赖记忆行为本身。在面对信息过载带来的认知负荷时，受众不会努力去记忆那些他们认为重要的信息，他们更倾向于去屏蔽、遗忘那些他们认为不重要的信息。如此一来，营销必须降低受众消化、储存信息的成本，才有机会在受众的头脑中扎根。

4）消费者身份的转移：从"猎物"到"队友"

长久以来，人们都把营销视作一场零和博弈：一方的收益意味着另一方的损失，品牌方和消费者被有意无意地放在对立的两端。品牌方想方设法地从消费者身上攫取注意力、好感度和金钱，在这样的思维导向下，消费者往往被视作一个个静止的"猎物"，被各式各样的广告信息"围猎"并"俘获"。

社交媒体的崛起，打破了这种不平等的对立局面。渠道的下沉与碎片化，给消费者手里递去了"麦克风"，他们对品牌的意见能够很容易地表达出来并得到聆听，并且容易对其他潜在客户产生影

响。这些普通消费者，以及他们中的意见领袖，取代了广告话术和明星代言人，决定着品牌、产品的口碑和命运。

在新的传播环境下，我们想要使自己的信息得到大量传播，就不能再将消费者视作"猎物"，而要将他们视作亲密的"队友"：给予他们充分的激励，调动他们在整个营销过程中的参与度，并促使他们输出正面评价。

一些嗅觉敏锐的品牌已经做出了大胆的尝试。2016年，75岁的美国巧克力豆品牌M&M's就曾把巧克力豆常规口味的决定权交给消费者。他们发起了一场投票，让消费者在蜂蜜坚果、咖啡坚果和辣坚果三种口味的花生巧克力豆中做出选择，最后咖啡坚果口味胜出，成为M&M's的常规口味。

值得注意的是，这三款产品在测试阶段时，最受欢迎的就已经是咖啡坚果口味巧克力豆，M&M's在某种程度上，只是借这个营销活动与消费者一起"玩耍"一番，让消费者获得参与感，从而建立起双向沟通。

最近，越来越多的品牌主开始采取"把消费者变队友"的营销手段。西班牙汉堡王近期在Instagram上发起了一项调查，它们通过9个短片，让消费者选择自己青睐的口味，如汉堡中要加几片肉、几片生菜，酱汁选哪种口味等。完成调查后，消费者可以获得优惠券，在规定的时间内可到门店兑换票选出的定制汉堡，在几小时内，这场活动的参与者就超过了4.5万人，并产生了27万次互动。

可以看到，在新的传播思维影响下，消费者的身份已经发生转变，从"猎物"变成了"队友"，参与感成为一项不可或缺的因素。

一场带有"战斗意味"的互动、一套新奇有趣的激励机制，都有可能将消费者转化成与你并肩作战的"队友"，拉近品牌与消费者之间的距离，为营销注入强大的话题性和自传播力。

5)"打卡"心理学：体验更具"可晒性"

让受众主动地、热心地传播品牌、产品信息，这是每个营销人员梦寐以求的境界。

新媒体时代，用刺激性的情绪煽动受众从而让内容获得病毒式的传播，已是一种屡试不爽的招数，但它的缺陷也显而易见，那就是情绪喧宾夺主，往往使品牌、产品信息难以在受众脑中留下深刻印象。

与线上的情绪相比，线下的体验就能较好地弥补这项缺憾。如今，在年轻人群尤其是年轻女性群体中，流行着一个词，叫"打卡"。不同于健身"打卡"、背单词"打卡"，这个"打卡"是指去了某个地方之后拍照晒留影的行为，比如"打卡××网红餐厅""打卡××拍照圣地"。

这是一种在线上分享线下体验的行为，它带有某种程式化的意味，"打卡"行为背后的心理机制是"晒"，并供后来者参考、模仿。

美国活动平台 Eventbrite 数据显示，超过 3/4 的"80 后""90 后"消费者，在预算有限的情况下，会优先考虑购买体验，而非产品。这是一个有趣的数据，体验显然比产品更具有丰富性和"可晒性"，能够帮助消费者更好地完善自己的"人设"。

从近来品牌"快闪店"的层出不穷可以看出，线下体验和情感互动正变得流行，它们通过沉浸式的体验让消费者对品牌产生记忆，并且在空间中更多样化地呈现品牌信息。

2023年的夏天，"City Walk"（城市漫步）成为户外生活的"顶流"。这种低碳、环保还省钱的轻出游，受到全国年轻人的追捧。顺应这一生活潮流趋势，小红书在上海发起了一个大规模的线上活动——"马路生活节"。"马路生活节"一共发起了超过200场大大小小的活动，辐射了上海37条马路及周边地区。活动主打生活场景感，囊括街头音乐会、艺术展、摄影展等各种场景，也有潮流运动、纳凉集市、逛吃之旅等生活气息浓厚的休闲娱乐方式，线下活动吸引了超20万市民和游客参与体验，并在小红书上发布自己的"打卡"照片。

雪糕品牌梦龙近期也让一组具有"打卡"价值的巨幅插画，出现在了巴黎、伦敦、罗马等城市的街头，在富有视觉冲击力的画面中，隐藏了梦龙雪糕的形状。插画家认为："如果能吸引人们在紧张的通勤时间中依旧为此停留2秒，就已经成功了。"

其实在"打卡"心理的背后，隐藏着另一个动作，那就是"将照片发到社交网络上"，而这种受众行为正是营销活动实现自传播的关键，甚至不需要奖品的激励。在这个受众对广告营销信息早已免疫的时代，提供一个体验的场景，构建与受众交流互动的软空间，或许比喧宾夺主的情绪营销更优雅而有效。

6）告别程式化，制造"Wow Moment"

"Wow Moment"（哇哦时刻）是指受众惊喜并发出感叹的时刻。菲利普·科特勒认为，在信息过载、注意力稀缺的时代，营销必须为受众创造意外和惊喜。

有 3 个因素可以构成"Wow Moment":

● 要让人惊讶,当某人对某件事有一定期望值,而结果超出这个值时,他就会发出惊叹;

● 能触发个人的体验,个人深藏的需求一旦得到满足也会引发"Wow Moment";

● "Wow Moment"是有传播性的,经历了"Wow Moment"的人会自主向他人传播这一信息。

泰国文胸品牌 Sabina Doomm Doomm 曾经拍摄过一个脑洞大开的广告片,把天堂描述成一间办公室,处理着人类的所有活动:"许愿宝"团队负责人类的许愿;"报应"团队负责惩罚小人,比如对"有外遇、交友复杂、爱搞暧昧又满嘴谎话"的男子处以"一道雷劈"的惩罚……而片中主角,负责"造人"的普罗米修斯则是人力资源部的负责人。

普罗米修斯奉行"艺术是急不得的"的理念,但面临情人节带来的 20 万人口激增时,也变得手忙脚乱起来,这导致有的"作品"变得不那么完美。

短片的最后,一位对普罗米修斯的"手艺"不满意的漂亮女孩,购买了一件 Sabina Doomm Doomm 牌文胸,并告诉观众"不用靠老天也能很丰满"。当普罗米修斯质问"是谁让你们拍这种片子"时,女孩说:"是神啊。""哪个神?""顾客。"

这样的神结局就能制造"Wow Moment",并且让受众忍不住转发、分享给自己的朋友,这个短片仅在微博上就有1235万次播放,并且因为剧情与产品的强关联,让受众看完短片后对产品也能产生较深的记忆。

7) 拒绝标签,欢迎"微标签"

文案往用户身上粗暴贴标签的时代已经过去了,然而这并不代表标签已经完全失效。用户通过向他人、向外界展示自己,寻求认同和正向反馈是天然的需求,他们之所以反感标签,心理根源是"我不想和别人一样",不想让自己的性格和别人趋同,这是一种对个性泯灭的恐惧。

如果换作描述细致、与他人重合度较小的"微标签"(microlabel),就既能弥补普通标签粗糙的缺点,又能让用户较为轻松和清楚地向外界展示自己的个性。给用户提供"微标签",是近期多个营销案成功的关键。

如果观察仔细,我们会发现近年刷屏的多个测试类H5,都是在利用了用户"爱晒爱秀"的心理的同时,也用到了"微标签"这一技巧,通过数量足够多,并且能够形成多样化组合的文案,为用户勾勒出不容易与别人"撞签"的画像。

网易云音乐的测试类H5"个人使用说明书",通过让用户聆听6种声音,生成对用户的个性描述,如"××吃得越少,越会变胖""要定期给予××喂食,他相当单纯"等。

单从文案来看,或调侃或常规,并没有格外引人注目之处,但它的巧妙之处就在于，一共准备了66组不同的文案，意味着可以组成4万多份"不撞签"的"个人使用说明"，告诉用户"你是特别的，和别人不一样"。在这样的心理作用下，用户极易产生分享、转发的冲动，主动为自己贴上"微标签"。

而网易新闻的刷屏H5"睡姿大比拼"，则将"微标签"图像化，通过足够多样化的组成部件，让用户可以生成自己专属的"睡姿"和"生活图景"。

为了满足用户多样化的个性展示需求，H5中仅放置在床上的小物件就有多达27种选择，为用户的"微标签"自创作提供了巨大的发挥空间。

8）模仿律法则：释放受众"种草"本能

如果留心就会发现，如今，诸如"网红餐厅""网红酒店""网红面膜""网红打卡地"等说法越来越普遍了。任何商品、服务、体验，只要加上"网红"两个字的前缀，都很容易让受众"种草"（指心里对某种商品有了购买欲望或计划）。

对"网红"产品的迷恋，对"种草"和"拔草"（指产生购买行为）的享受，是新时代消费者的一大特征。法国社会学家塔尔德曾在其著作《模仿律》中提出过一个观点：模仿是最基本的社会关系，社会是由相互模仿的个人组成的群体，人的每一种行动都在重复某种东西。

塔尔德的模仿律可以解释为什么大众更容易种草"网红"产品，它们是拥有各种背书的、经过验证的、拥有良好口碑的绝佳模仿对象。就像戴森 Supersonic 吹风机，在各种推荐帖中被塑造为优雅中产生活的标配，购买它则可以视作对这种生活状态的追求与模仿，受众会认为"购买了戴森 Supersonic 吹风机，我就过上了优雅精致的生活"。

值得关注的是，电子支付和电商的发达，已将"种草"到"拔草"之间的过程大大简化了，对于那些单价较低的商品，从"种草"到"拔草"甚至只需要短短几分钟的时间。

这个时候，如果能在商品文案中强化模仿律的作用，对受众进行心理暗示，则可能达到事半功倍的效果。例如，在许多种草帖中，都能看到"它在 instagram 上火得不行""时尚博主力推"等字眼，这就是在悄悄使用模仿律，释放受众"种草"力的技巧。

7. 新媒体传播力的 4 个关键点

在了解了新媒体时代的传播逻辑，以及受众的认知模式、情感偏好后，文案还必须避免"叫好不叫座"的情况，毕竟，谁也不希望受众在看完内容后称赞"这个广告真棒"，而不是"这个产品真棒"。

在新媒体时代，按以下 4 个关键词行事，会大大提高你的传播力。

1）使用强关联的刺激因素

新媒体时代，营销人员很容易陷入喧哗的眼球争夺战之中，人人都知道，想要吸引受众的眼球，就离不开刺激因素。蹭热点、"标题党"、打擦边球都属于寻找刺激因素的行为。

然而，如果刺激因素使用不当，往往只能引起受众对刺激本身的兴趣，而忽视品牌或产品想要传递的信息。

Colortrack 牌电视机曾在其广告中用了一位衣着保守的模特，通过目光跟踪仪发现，观众注视这个广告的时间非常长，并且在 72 小时后仍有 36% 的观众记得品牌名字。

另一款同类产品在其广告中使用了一位穿着性感的女郎，目光跟踪仪显示这个广告也相当引人注意，然而由于刺激因素过强且与品牌关联度低，72 小时后只有 9% 的观众还记得品牌名。

因此，无论品牌如何想要蹭热点或是尝试脑洞大开的营销新玩法，都必须遵循刺激因素与品牌强关联的原则。

当其他品牌还在投放传统的电梯灯箱广告时，网易严选却把北京国贸写字楼里一个 $3m^2$ 的电梯厢装饰成了一个家居空间，可谓玩出新花样。然而这次营销最妙的地方不只是其脑洞，更是它传递出的品牌宗旨：好的生活没那么贵。房子小、没钱、没时间都不应该是生活不精致的理由，即便是狭小的电梯厢，网易严选也能将它变得温馨漂亮。

这样的营销，才不会让受众在看完热闹之后，只记住热闹本身，而是能清晰地感知品牌的存在。

2）让用户成为"精神股东"

乐事旗下休闲零食品牌菲多利（Frito-Lay）在开发一款新型乐事薯片前，并没有咨询众多专家的意见，也没有张罗市场调研收集用户意见，而是上线了一款 Facebook 应用，让网友填写自己偏爱的薯片产品名字，以及希望的配料，并将这些信息作为新产品制作的参考。

社交网络的出现，让营销人员得以拆掉阻隔在品牌和用户之间的墙，并且通过交流，获得他们的信任，建立起品牌的号召力和忠诚度，把他们变成企业的"精神股东"。

类似菲多利这样的行为，能够让用户在产品诞生之前就参与"养成"，让用户更容易成为品牌的"精神股东"。

3）发动 Meformer 的力量

罗格斯大学的一项研究表明，社交网站上的用户一般分为两派，一派是 Informer，即信息分享者，这类用户偏爱分享社会新闻或干货知识类的信息，他们约占用户总数的 20%。另一派则是 Meformer，即自我信息者，他们分享的内容多是与本人生活、情绪、感情关联度高的内容，这部分用户占据了用户总数的 80%。

这也可以解释，为什么在新媒体环境下，那些"接地气"的内容更容易获得可观的流量。在确保营销诉求清晰的前提下，尽可能地发动 Meformer 的力量，能给营销带来更大的声量。

比起转发抽象的概念、创意、文章，Meformer 更喜欢分享那些日常生活中能给他们带来小惊喜的东西。当你看到一杯粉紫色或者一瓶透明的星巴克咖啡时，你会怎么做？

许多人的第一反应无疑是拍照发朋友圈。星巴克的"独角兽星冰乐"、无色透明的 Clear Coffee，就通过满足用户的少女心或猎奇心，取得了刷爆社交网络的效果。

4)"后真相"时代,缩小情绪"颗粒度"

"后真相"(post-truth)是《牛津英语词典》2016年的年度词汇,意思是:客观事实对公众意见的影响,不如情感或个人信念的影响大。

在新媒体时代,人人都有生产、传播内容的权利,那些能够触动受众内心情感按钮的内容,在传播上具有极大优势。

"促使人们产生某种情感,这可能是一种操纵,也可能是一种艺术,或更可能居于两者之间。"

但营销人都必须清楚,在新媒体时代,受众情绪的"颗粒度"可以很小,不仅是愤怒、悲痛、感动这样宏大、剧烈的情绪可以打动他们,更多时候,抓住受众一些微小的情绪,更容易俘获他们的内心。

家居品牌HOLA特力和乐曾推出过一个题为"千万不要相信想你想得睡不着的人"的短片,上一个镜头是女主角抱着男主角说:"你不在的时候,我想你想得睡不着。"下一个镜头却是女主角在铺满HOLA用品的大床上呼呼大睡。

比起那些宣扬男女真挚动人感情的广告,这种带点"吐槽"、调侃性质的广告更容易引发受众情绪的共鸣,毕竟每个人对自己的伴侣都有一个"吐槽"清单,这样的情绪虽然谈不上宏大,却更亲民,让人更有分享的冲动。

在喧哗又躁动的新媒体时代,文案的追求和玩法都在发生巨大的变化,舞台和聚光灯渐渐都转移到了受众那边。使用与品牌强关联的刺激因素,培养用户成为品牌的"精神股东",发动

Meformer 的力量，缩小情绪"颗粒度"，我们才有更大概率做出自带传播力的内容。

8. 好的标题是内容成功的一半

这是一个"信息微缩"的时代。

在报纸、杂志和电视节目盛行的那些年，受众习惯拿出整块的时间，沉浸式地接收信息，但进入手机时代后，人们随时随地都可以获取海量内容，受众的时间和注意力早已被撕扯成一块块碎片。

想要赢得受众的注意力，文案就必须在细小的碎片中生长。一个亮眼的标题，在提升点击率，进而提升转化率方面，扮演着日趋重要的角色。写标题的能力，已经成为衡量文案工作者、新媒体运营者实力的重要指标。

如何写出高点击率、高转发率的标题？

想要写出一个叫好又叫座的标题，我们首先需要明确，一个好标题和一个坏标题有哪些区别？

坏标题有两种，一种平平淡淡，让人毫无点击欲；另一种虚张声势，能吸引人点击，但标题下的内容却驴唇不对马嘴，俗称"标题党"。"标题党"很危险，它会让受众觉得自己被骗了，他们的好奇心会立刻转化为愤怒的情绪。

而一个好标题则基于对文章内容的巧妙提炼，它就像烤肉摊小哥往羊肉串上撒的那一撮孜然，能将路过的人吸引到面前来。

置内容、分发平台于不顾，割裂地谈论标题，是一种不负责任的行为。在下面的内容中，你将看到不同类型内容的标题技巧，以及不同媒体平台的受众更喜欢什么样的标题。

接下来，我们将内容分为情感/励志类、时尚/娱乐类、生活/美食类、科技/资讯类、知识类这五大垂直领域，分享针对这五类内容写出好标题的技巧。

1）情感/励志类内容

情感/励志类内容的首要职责，就是帮助受众宣泄情绪，情感/励志类内容标题的职责也同样在此。如果你研究过一些情感类大号的标题，你就会发现它们都在十分尽职地做着这件事情。

既然要宣泄情绪，那么标题通常需要观点鲜明，最好非黑即白。

技巧一：受众本位

先来看看下面这些阅读量爆表的标题：

"秒回的人，太可爱了"（思想聚焦）

"有事直说，别问"在吗？""（卡娃微卡）

这些标题的相同点是字数较少，语法简单，很多直接采用了对话体。这类标题的诀窍在于，完全站在受众的角度，说他们的心里话，无须进行包装。优势在于，受众一眼看到标题时，心中都会出现一些想提及的人，而这种心理对提升点击率和转发率非常有利。

技巧二：挑战常识 + 制造二元对立

常识是"克己复礼"，反常识则是"纵容自己"，你说受众更愿意点击哪种标题？来感受一下：

> 你这么懂爱情，一定没谈过恋爱吧（不二大叔）

> 谁规定女人一定要活成"贤良淑德"的模样？（灵魂有香气的女子）

> 为什么说姐弟恋是白头偕老的标配（谈心社）

上面几句标题，都打破了人们的常规认知，无论受众是否认同标题所体现出的观点，都很难抑制想要一探究竟的冲动。在标题写作上，有时需要刻意构建二元对立的因素，比如上述标题中的"懂爱情"和"没谈过恋爱"。有的对立是隐性的，有的对立是显性的，可以尝试着从不同角度塑造出这种对立和矛盾。

技巧三：悬念 + 利益点

这类受欢迎的标题，往往以长者的口吻，循循善诱，为受众揭露生活的真相和幸福生活的窍门。

> 长相中等的姑娘如何进阶到"美"（蝉创意）

> 为什么说中国流浪汉才是生活艺术家？（公路商店）

这类标题的常用技法，是利益点明确，让受众明白看完后能得到什么样的信息，同时制造悬念，吸引点击。如果没有明晰勾人的利益点，单纯地去谈制造悬念的技巧，无疑是一种徒劳。

2）时尚 / 娱乐类内容

时尚 / 娱乐类内容，是对平凡生活的一种抵抗。

平凡的对立面是什么？故事。

故事有起伏的情节、有悬念，能满足人的好奇和猎奇心理，而具有这些元素的标题，就很容易被受众的手指戳中。

技巧一：人称代词 + 时间轴 + 反转

这类标题多以第三人称代词"他 / 她"打头，并一气呵成地按时间顺序讲完这个人一生的跌宕故事。受众基本上一看到这类标题就能知道内容的梗概，但唯独不知道这人是谁。比如：

> 他是梁启超最爱，美国洗碗拿到博士，中国同学造导弹打中国，他造导弹保卫祖国（金融八卦女）

在内容符合事实的前提下，越戏剧化、越反转、越励志，就越好。

技巧二：悬念 + 信息阶梯

在内容质量过关的前提下，能勾起受众好奇心和窥探欲的标题，就是好标题，比如：

> 揭秘一家融资 4 亿元的游戏出海平台，马云、马化腾、史玉柱等大佬都在投资（娱乐资本论）

> 商家绝对不会告诉你的事实：我们用 3 个月测评了 15 款扫地机器人后发现……（清单）

> 什么样的包，真正禁得起时间考验（黎贝卡的异想世界）

> 跟风买这些口红，你只会越来越丑（YangFanJame）

这类标题都通过悬念成功制造出信息阶梯，即写作者掌握着阅读者不知道的秘密，转发这条信息的人掌握着只读了标题的人不知道的真相，从而提升了点击率和转发率。

3）生活 / 美食类内容

生活 / 美食类内容的标题，首要职责是用文字活灵活现地描绘出勾人的颜色、味道、温度、触感，营造出感官上的吸引力。

技巧一：满足多种感官

神奇的牛轧糖葱香米饼，一口咬下54层（美食台）

怎样一口吃掉9朵玫瑰和15朵茉莉（美食台）

薄如蝉翼的金华火腿，每一口都是时间的味道（一条）

1.5斤新鲜甘蔗浓缩成一颗糖：它懂你不能说的（ENJOY美食）

集苹果、梨、枣三种风味于一身，这果子有点鲜（下厨房）

上面一组标题，都是在谈食物的风味，却都没有使用描述味道的形容词，而是用一些具象的名词来激发画面感，让人印象深刻。比如形容葱香米饼，不用"薄脆"，而用"一口咬下54层"，形容鲜花饼，不用"清香"，而用"吃掉玫瑰和茉莉"，让视觉和味觉产生联动。

技巧二：寻找背书

人们对于有来头的东西总是格外感兴趣，也更愿意一探究竟，这就是背书的力量。比如：

从硅谷火到中国，每3秒就卖一个，用过这款榨汁机，你不想碰其他的（撕蛋）

我们找来了国内最有名的侍酒师，给你选了一瓶波特酒（企鹅吃喝指南）

上述标题中，销量、专业人士认可等都是让标题增加分量的方式，另外名人的推荐也是一种常用的方式。

技巧三：形而上的提炼

对很多人而言，吃什么、用什么的关键不仅在于食物、器物本身，还在于它们能营造出的一种生活氛围，俗称"××代表着××的生活态度"。比如：

吃掉一只优秀的小龙虾，就抓住了南京的夏天（企鹅吃喝指南）

憋了一个冬天，老夫的少女心被这口小甜水唤醒了（企鹅吃喝指南）

只要锅子还在噗噜噗噜，心情就不会blueblue（艾格吃饱了）

> 一颗懒蛋蛋，解救你的冬日焦虑症（ENJOY 美食）

现代人有太多"病症"需要治愈：失眠、焦虑、抑郁、丧、社交恐惧、尴尬癌……现代人有太多心理需要被满足：文艺心、玻璃心、逃离心、少女心、公主心、女王心……标题中出现与此相关的字眼，点击率也会更有保障。

技巧四：比较法

比起天花乱坠的描述，比较法是省字又管用的一种技巧：

> 吃过这枚凤梨酥，其他的都是将就（艾格吃饱了）

> 它甜过世界上99%的水果，慕斯般口感好迷人（下厨房）

> 生理期用这10件小物，比红糖水管用100倍（IF）

在标题里通过比较，放大产品某一方面的特点，看上去似乎有点夸张，却不至于浮夸，让受众有了进一步了解的欲望。

4）科技/资讯类内容

这类内容中，有一些是新闻属性较强的，比如某权威人士的新发言、某大厂的新动作等，这类内容的标题只要把相关关键词都放进去,就已经足够吸引眼球。除此以外,想要用标题给内容添彩,也有一些技巧。

技巧:列数字

这一类标题中往往含有一组或多组数字,比如:

追踪了783家创业公司5个月,分析了64.7万条数据,我们发现了10个有趣的现象(虎嗅网)

YY的海外故事:1年3000万月活、估值4亿美金的直播平台,能有怎样的想象(36氪)

逃离小程序:60%用户回归App,70%开发者欲放弃开发(钛媒体)

数字的准确、直观,容易给人一种专业感和权威感。

5)知识类内容

知识类内容必须要有信息增量,此类内容的标题中,就必须明确地体现这一点。

技巧:化繁为简

一篇文章为何能引爆朋友圈?受众主动转发背后的8个内容传播规律(馒头商学院)

> 一篇长文，读懂"10万+"标题的全部套路（乌玛小曼）

> 这4个灵魂问题，解决你80%的困境（LinkedIn）

看到上面这组标题，你是不是还没看内容，就快要抑制不住想收藏和转发的心情了？它们的共同特点在于，将内容包含的知识进行了高度简化提炼，让受众一眼看上去心理负担很小，诸如"8个规律""一篇长文""4个问题"，让受众感觉只要付出些微努力，就可以有很大收获。

我 的 心 得 笔 记

Chapter 8

叫好更要叫座 销售力

根据消费者面对不同商品时的心理动机及决策过程中的参与度，可将商品归入四大象限。位于不同象限的商品，需要使用不同的文案写作策略。

"10万+"，是无数文案工作者和新媒体运营者渴望攻克的一块高地，可是在热闹的背后，有很大一部分从业者正在面临"如何提升文案购买转化率"这个难题。文案让人"叫好"固然能使创作者脸上有光，但文案能"叫座"才是商业世界真正不变的追求。

　　事实上，要实现高转化率，需要的并不只是文案这一个环节的助攻，它与整个营销策略、销售策略、价格策略等因素都密不可分。文案只是最末端的一个环节，是依据这些策略制定的。

　　对于一名文案工作者而言，想要写出高转化率的文案，就不得不将你的工作往上游延伸，通过3个步骤，运用更多理性分析，提炼出更具吸引力的文字。

1. 分析产品属性，选对沟通策略

　　是不是只要文案走了心，就能让消费者买单？

　　当然不是。

　　现实是，消费者也许愿意看到汽车、时装品牌等能宣扬自己的态度和个性，但并不想听到一片创可贴、一块电池和一个微波炉也大谈情怀，在大部分情况下，消费者对它们的需求只是做好一款本分的产品而已。

　　不同类型的产品，需要用不同的方式去与消费者进行沟通。对此，美国学者罗斯特和珀希曾根据消费者面对不同商品时的心理动机及决策过程中的参与度，将商品归入四大象限，如图8-1所示。

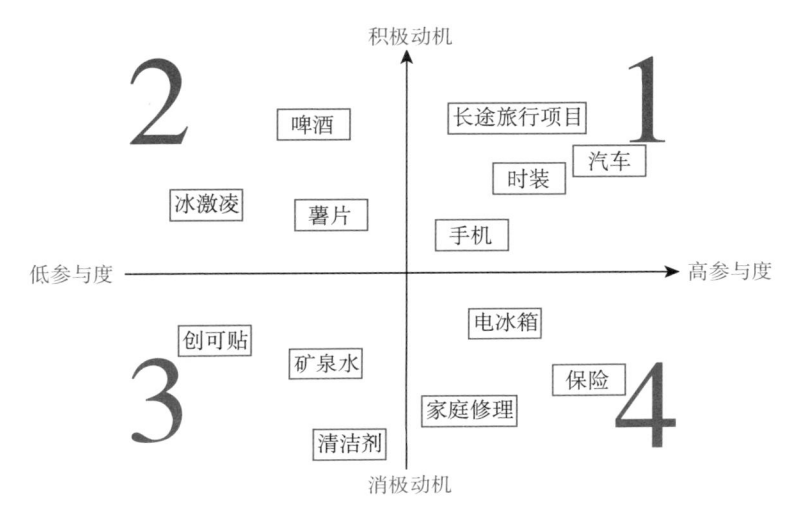

```
                        积极动机
                          ↑
   2         啤酒          │      长途旅行项目    1
                          │         时装   汽车
         冰激凌   薯片      │
                          │         手机
低参与度 ─────────────────┼─────────────────→ 高参与度
                          │         电冰箱
         创可贴            │
              矿泉水        │      保险
   3                      │                    4
              清洁剂        │   家庭修理
                          │
                          ↓
                        消极动机
```

图 8-1　根据消费者的心理动机和决策中的参与度将产品归入四大象限

属于第一象限的产品，比如汽车、长途旅行项目、时装等，消费者在针对它们做出购买决策的过程中往往会投入较多的精力，会花大量的时间去研究产品、获取信息，并且这种投入的动机是积极的，过程也是比较愉快的。想象一下你在挑选新车或者制定旅行攻略时的心情，那一定不会是糟糕的。

位于第二象限的产品，如啤酒、冰激凌等，因为单价低，消费者在做出购买决策时投入的精力较少，但这类产品本身能让消费者享受乐趣，所以消费者购买它们的动机是积极的。对位于第三象限的产品，如创可贴、清洁剂等，则投入精力较少，动机也是相对消极的。

而对于第四象限的产品，如电冰箱、保险等，虽然消费者在制定购买决策时也会投入较多精力，但其动机却是相对消极的，购买需求是为了解决某个实际的问题而产生的，其决策的过程通常是理性的，谈不上能从中获得乐趣。

对位于积极动机象限的产品，消费者在决策时通常会掺杂许多感性的诉求，而对位于消极动机象限的产品，消费者在决策时则多以理性的分析为主。

不同象限产品的文案写作需要采取不同的沟通策略。

对于"高参与度—积极动机"象限的产品，文案要创造出与品牌个性强关联、较为深刻和牢固的情感，并让它成为消费者生活价值观的一部分。

对于"高参与度—消极动机"象限的产品，文案需要提供有逻辑、有说服力的理由，尤其应该提供与同类产品对比的优势。

对于"低参与度—积极动机"象限的产品，文案需要着重表现某种情感属性，唤起消费者对广告的情感偏爱。

而对于"低参与度—消极动机"象限的产品，文案的目标是引起消费者的尝试性购买。

总体来说，靠近"高参与度—消极动机"的产品，理性成分越多越有效；靠近"低参与度—积极动机"的产品，情感诉求成分越多越有效。

比如宝马 MINI 就位于"高参与度—积极动机"象限，其广告文案也注重创造品牌个性，并且注重品牌个性与消费者情感的联结。

在其一组名为"我属 MINI"的广告文案中，将产品塑造成了一个古灵精怪、我行我素，同时性情直爽、喜欢交际的人格化形象，让目标客户群能在这一形象中产生自我映射，引起目标客户群的共鸣：

天马行空，不如和我去仰望星空。

我要开门见山。

自己方便，也与人方便。

而位于"低参与度—积极动机"象限的可口可乐，则一直以"昵称瓶""社交瓶"等策略，更巧妙地渗透到消费者的内心世界，加深与它们的情感联结，并通过"hello happiness"电话亭装置等，塑造出快乐又温馨的品牌形象，唤起消费者对品牌的情感偏爱。

2. 洞察消费者心理，提升沟通效率

在分析完产品、选对沟通策略之后，文案的大方向就不会出错了。接下来，我们需要解决的就是洞察消费者心理，从而提升沟通效率的问题。

在上一个步骤中，我们知道了对于不同类型的产品，广告在影响消费者决策时满足的诉求是不同的。消费者的诉求可分为理性诉求和感性诉求两种，针对它们各自有哪些提升沟通效率的要点呢？

1）理性诉求

满足理性诉求的关键是给消费者提供有价值的、具体的信息，这些信息必须客观、可信、有逻辑性，并且主要是侧重于对功能性、实用性的描述。对文案工作者而言，针对这一诉求，在写作中有以下原则，可以提升转化效果。

第一，多用数据，忌含糊。

想要更好地说服理性的消费者，不妨在"深受欢迎"后，加上"百万用户的共同选择"；在"销量火爆"后，加上"平均每分钟售出100瓶"；在"极致口感"后，加上"给每只作为食材的章鱼按摩40分钟"……数据的存在会让含糊的概念拥有客观的衡量标准，增强文案的可信度和说服力。

云计算平台"腾讯云"的宣传片，文案是这样写的：

过去一年里，

他307次加班至深夜，

他服务8亿6000万名用户，

他历经1万4200次涨跌，

他在3亿4500万次调度背后……

这组文案通过数据的罗列，写出了"腾讯云"工程师的付出，也表达出为他们提供云计算能力的"腾讯云"的实力。这样的文案写作方法尤其适合"高参与度—消极动机"象限的产品及 To B[①] 领域的产品。

---

① To B：To Business 的缩写，意为面向商业机构的电子商务业务。

第二，寻找第三方背书。

《心理学理论怎么用：传播心理学》一书中说："中立的第三方是公众感知理性化的关键因素。"比起广告商，消费者显然更愿意相信客观中立、没有直接利益关系的第三方机构。

从效果来看，第三方机构的可信度和说服力呈正相关。目前，各类测评日益流行，不仅有手机测评、电吹风测评、洁面仪测评，甚至还有薯片测评、粽子测评……测评的大行其道与深受欢迎，就是这一原理的体现。此外，吸引力长盛不衰的"明星同款""国外爆款""国人疯抢"也是同理。

第三，归纳信息点，降低受众理解成本。

如果你试图说服一位理性的受众，只把一堆杂乱无章的信息堆到他面前是远远不够的。为了让受众可以更轻易地获取我们想要传递的核心信息，我们需要把零散、混乱的信息梳理清楚，降低他们理解、消化信息的成本。

通常的做法是，把信息按照不同的主题或者逻辑层次进行归纳，比如当你要撰写一篇旅游攻略时，你需要按照"景点、交通、酒店、货币"等不同的主题进行信息归纳，这样受众就可以方便地查阅信息，轻松地获取自己想要的资料。

2）感性诉求

满足感性诉求主要通过影响消费者的情感、情绪，引起他们的共鸣，进而使其产生认同。感性诉求又分为正面情感诉求和负面情感诉求。

正面情感诉求主要利用人的正面情感，比如爱情、友情、亲情、梦想等，唤起消费者的愉悦，并将这种愉悦延伸至产品，形成对产品的好感。

而负面情感诉求则相反，它主要利用人的愤怒、恐惧、不安等情绪吸引眼球，并产生强烈的冲击力，让消费者形成深刻的印象。

对文案而言，利用正面情感诉求的风险较小，利用负面情感诉求虽然可发挥空间较大，但不太容易拿捏尺度，尺度过大就容易挑战消费者的心理承受力，招致消费者的反感，和预期结果背道而驰。

比如奥美就有一组题为《我害怕阅读的人》的长文案，通过激起受众对无知的恐惧，达到激发人们阅读的效果：

> 我害怕阅读的人。一跟他们谈话，我就像一个透明的人，苍白的脑袋无法隐藏。我所拥有的内涵是什么？不就是人人能脱口而出、游荡在空气中的最通俗的认知吗？像心脏在胸腔的左边，春天之后是夏天，美国总统是世界上最有权力的人之一。但阅读的人在知识里遨游，能从食谱论及管理学，从八卦周刊讲到社会趋势，甚至空中跃下的猫，都能让他们对建筑防震理论侃侃而谈。相较之下，我只是一台在MP3时代的录音机：过气、无法调整。我最引以为傲的论述，恐怕只是他多年前书架上某本书里的某段文字，而且，还是不被荧光笔画线注记的那一段。

这组文案中，"透明的人""苍白的脑袋"等词汇，让人联想到一个不爱阅读的人，在饱读诗书之人面前捉襟见肘的窘迫模样，而只有那些热爱阅读的人才能摆脱平庸，对世界拥有精彩有趣的认知。

这组长文案就是利用负面情绪营销的一个比较成功的案例。在利用负面情绪进行营销时，把控尺度非常重要，因为不是所有人都愿意面对真相，愿意谈论"房间里的大象"，这也是迎合负面情绪诉求的风险所在。不过，在可以观察到的范围内，迎合负面情感诉求已经呈现出日益流行的趋势。

3. 提供"竞争性利益"，打磨文案技巧

在了解了的产品、消费者之后，我们还需要提炼出一种"关键利益"，促使消费者购买你的产品，而非竞争对手的产品，这种"关键利益"就叫"竞争性利益"。在这个阶段，文案的作用开始凸显。

在《整合营销传播：利用广告和促销建树品牌》一书中，舒尔茨是这样定义"竞争性利益"的：

- 它必须是一种利益，可以解决消费者的问题，最好是改善消费者的生活；
- 必须只有一种利益；
- 必须是竞争性的，是"比之较好"的竞争框架；
- 必须不是一种口号或广告语；
- 必须是一个句子。

要理解"竞争性利益"，首先要区分产品属性和产品利益，产

品利益是指"产品对消费者意味着什么"。一般而言,消费者并不关心你的产品里有什么,而是关心"它对我有什么作用"。就像一个广告人曾总结的那样:"在商场里,我们卖给女人们的不是化妆品,而是青春。"

就像小米 6 手机在其线下广告中,为消费者呈现的"竞争性利益"就是"拍人更美",而非"变焦双摄"或"性能怪兽"。因为普通消费者更关注手机能给自己带来什么,而不是产品本身具备什么优势。

只有对产品、消费者、竞争产品等各个要素进行了透彻的分析,选对沟通策略,确定诉求方式后,文案才可能提炼出直指人心的"竞争性利益",从而完成漂亮的临门一脚,促进转化率的提升。

除了上述 3 个技巧,想要文案能"叫座",还需要妥善处理 4 个关键点:产品定位、产品功能、使用场景、产品价格。撰写产品文案的最大难点,在于既不能让它像品牌文案那样缥缈,又不能沦为一份枯燥、晦涩的"说明书"。针对这 4 个要点,运用不同的策略和技巧,才能正确地"翻译"产品信息,让文案成为引发消费者购买冲动的"诱饵"。本章的第 4 节至第 7 节,就为您介绍引发消费者购买冲动的 4 个关键点。

4. 产品定位:利用"对标物",逃离"知识的诅咒"

初级的产品文案常犯的一个错误,就是下意识地认为消费者对产品的认知和自己处在同一水准。但实际上,文案工作者在"消化"

产品简介时，已经积累了大量关于产品的信息，但消费者对产品却是完全陌生、一无所知的。

《粘住》一书的作者将这种情形叫作"知识的诅咒"（curse of knowledge）：如果我们对某个对象很熟悉，我们就会很难想象在不了解它的人的眼中，这个对象是什么样子，我们被自己所掌握的知识"诅咒"了。

在知识的"诅咒"下，产品文案要么语焉不详，要么晦涩难懂，这导致它们很难解决一个基础问题：这个产品到底是什么。因此，我们在描述产品时，要尽量避免抽象、专业的词汇，为产品寻找"对标物"，用大家已经认识、熟悉的物品去描述一个陌生的产品。

例如，在无人机作为消费品尚不被大众熟知的阶段，大疆无人机公司推出 plantom 系列产品时，就巧妙地写出了"会飞的照相机"这样的定位语，利用"照相机"这样一个大众已经熟知的物品作为"对标物"，同时加上定语"会飞的"，会让用户在脑海中对其两个重要功能形成印象，知道这个产品可以像个会飞的照相机那样飞到空中，拍出不同寻常的鸟瞰照片。

如果你研发了一款智能相框，主打功能是可以及时上线全球各大热门展览，你会怎么给它写宣传语？ArtTouch 智能相框就将产品定位为"客厅里的博物馆"，利用"客厅"和"博物馆"这两个大众熟知的概念，让消费者意识到这个产品能让自己足不出户就能看到全球热门展览，就像把博物馆搬进了自己家的客厅那样。

5. 产品功能：降低理解成本，越具体越好

与大部分文案不同的是，产品文案需要的不是金句，而是"精句"，即用最少的字把信息传递清楚。懒惰是用户的天性，无论他们是否已经对我们的产品产生兴趣，最大限度降低他们理解信息的成本总是没错的。一般而言，文案的用词越具体、简单，信息传达的效果越好。

网易严选在描述一款面巾纸时，就用了"一纸三层"这种具象的文案，来表达纸张柔韧这一特点，用"5张纸可吸干半中杯（100ml）净水"，来体现"强力吸水、用纸更节约"的优点，没有复杂、专业的词汇，就将产品的特点描述清楚了。

6. 使用场景：场景有正负之分，"细节"是灵魂

对产品使用场景的描述可以分为两大类，一类是"如果拥有这个产品，你会如何舒心"，另一类是"如果没有这个产品，你会如何糟心"。文案工作者所要做的工作，就是描绘好这两种场景中的一种，让消费者产生"代入感"，从而引发购买行为。

"场景"的重要性许多人都知道，但如何写出具有"代入感"的场景却是一个难题。《百年孤独》的作者马尔克斯有一个写作诀窍：当你说有一群大象飞在空中时，人们不会相信你，但你说有

425 头大象在天上飞,人们也许就会相信。

也就是说,"细节"的多寡决定着你的文案是否具有"代入感",细节越丰富,消费者在脑中勾勒出的画面越清晰,也就越容易产生"代入感"。

如果你要卖出一个牛排煎锅,比起描述锅体材质,更重要的是描绘吃牛排的美妙感受。网易严选就通过一组充满"细节"的文案,勾起消费者对牛排的食欲:

> 铸铁源源不断的热量
> 曼妙的美拉德反应
> 为牛排催生出 100 多种肉香
> 粗海盐区分了层次感
> 出锅时,油已被沥干
> 这是星期五,犒劳自己的晚餐

美拉德反应、100 多种肉香、粗海盐、星期五……这些细节构建起一场被牛排守护的美好晚餐场景,而这绝不是一句空洞的"牛排美味多汁"可以比肩的。

除了描写正面愉快的场景,很多时候文案更聚焦于描述负面的痛苦场景。毕竟产品带来的美好享受尚需要用力去想象,但痛苦却是人们亲身经历过的。

"忘带钥匙"是几乎每个人都体验过的烦恼,360 智能家在其安全门锁的产品海报中,就通过描绘"忘带钥匙"带来的尴尬场景,让消费者产生"代入感",意识到能用指纹开门的方便。

海报通过一组充满细节的人物设定(年轻插画师、CEO、退休老人等),让不同年龄、职业的消费者群体都能从中找到共鸣,凸显 360 安全门锁"钥匙就是你自己"相比于传统门锁的优势。

提起负面场景,文案大神尼尔·法兰奇曾为加拿大航空写过一则长文案:

> 这是一个航空位
> 不管别人怎么说
> 在上面坐了整整 12 个小时后
> 你都会开始憎恶它
> 不管他们灌了多少免费烈酒到你喉咙里
> 不管融入多少想象在提前准备好的美味食品里
> 不管飞行中有什么令人放松、引人入胜的航空杂志
> 和将你像一枚钉子一样牢牢钉在座位上的电影
> 总之这是个你必须待上 12 个小时的地方
> 像钉子一样
> 钉在那个座位上
> 没有什么事情像飞行一样漫长难受
> 但在加拿大航空的航班上,我们有办法让这变得可以容忍
> 在我们体型巨大的班机上
> 在头等舱和商务舱
> 我们安排为每一位乘客服务的乘务人员比其他任何航班都多

通过描绘长途航班给人带来的种种不适，12个小时、免费烈酒、航空杂志、像一枚钉子……通过种种细节让消费者进入这则文案构建的场景中，回想起自己曾在这类场景中的痛苦遭遇，再引出加拿大航空"乘务人员比其他任何航班都多"这一产品优势。

在消费升级的背景下，越来越多的消费者进化成了"精享族"。"精享族"的概念由Google于2016年首次提出，它是指崇尚"精明消费，享受生活"价值观的人群，这一人群上网时间长，愿意为挑选高品质的商品付出较高的时间和金钱成本：他们会为了弄懂洁面乳的功效而去辨别皂基和氨基酸，会为挑对家具去学习卯榫结构，会为了买一台扫地机器人把市面上所有品牌的评价全部浏览一遍……

现在，年轻人不再随便从货架上捡起一件商品，他们也不愿意听到诸如"让生活更有品质"这类空洞的口号，他们更喜欢实用和人性化的细节设计，喜欢那些能带来幸福感的产品和营销。

因此，文案的情怀牌要省着打，我们需要知道，消灭消费者的烦恼才是王道。情怀或许也能打动"精享族"，却未必能让他们松开捂住钱袋子的手。形而上的情怀需要在产品和服务上落地，才能让精明的消费者感觉到诚意。

类似Wi-Fi网速太慢刷不开网页，忘带钥匙被锁家门外，起夜开灯被光线刺痛眼球……这类不解决不会死人但会令人抓狂的问题，很容易引起消费者的共鸣，产生"我也遇到过这种情况"的心情。

360智能家的安全夜灯、智能门锁等产品，就是抓住了类似"双手拎着重物开门不方便""卫生间信号太差，上厕所玩手机刷不开网页"这种琐碎但恼人的问题,制作了解决消费者生活"痒点"的智能家居产品,用"暖男式门把手""雨露均沾式 Wi-Fi 信号",从消费者的小情绪出发,不仅说清楚了产品的具体功能,也从情感的角度充分宠溺了容易为小事焦虑的当代消费者。

7. 产品价格:偷换消费者"心理账户",轻松撬开钱袋

产品没有价格优势,或者比同类产品贵,怎么办?如何说服消费者这笔钱花得值?这也是许多产品文案面临的难题。

如果你是一家培训机构的文案工作者,该机构近期推出了一款价格为 159 元的线上课程,你该如何说服潜在消费者掏出这笔钱?159 元说贵不贵,但也没有达到可以不眨眼就付费的阈值,更何况大多数消费者为知识付费的意识并不强烈。

这个时候,文案就需要偷换一下消费者的"心理账户"了。"心理账户"(mental accounting)是 2017 年诺贝尔经济学奖得主理查德·H. 塞勒提出的一个理论,是指消费者会在自己的认知中将不同来源、用途的钱放进一个个虚拟的账户中。

比如,人们会把辛苦赚来的工资和意外获得的横财放入不同的账户内。很少有人会拿自己辛苦赚来的 10 万元去赌场,但如果是赌马赢来的 10 万元,拿去赌场的可能性就高多了。

因此,如果消费者觉得 159 元的课程不便宜,那就换成"5 杯星巴克咖啡"的价格,让消费者从喝咖啡的"心理账户"中取出

159 元用于买课程，心理上就觉得没那么贵了。

文案大师奥格威在 20 世纪就会用这一技巧了。他曾经为英国奥斯汀轿车撰写过这样一个文案：

> 我用驾驶奥斯汀轿车省下的钱
> 送儿子到格罗顿学校念书

这则文案本质上也是偷换了消费者的"心理账户"，通过将买车的钱与用于子女教育的钱相关联，让消费者产生一种"赚到了"的心理，从而引发购买行为。

产品文案本质上做着"翻译"的工作，这要求我们运用文案的技巧和力量，将专业、难懂的产品功能"翻译"为消费者喜闻乐见的利益点。这不仅需要扎实的文字功底，更需要对产品的透彻了解和对消费者心理和行为的洞察。

我 的 心 得 笔 记

Chapter 9

文案的底层架构 逻辑力

在谈论文案的技巧、传播、刷屏之前，很容易忽视它的底层架构——逻辑。
有逻辑的文案，更容易说服受众，实现商业目标。
金字塔图可以帮助我们更好地梳理文案的逻辑。

逻辑力，是文案工作者的基本素养之一，是文案说服力的根源。

然而，大部分文案工作者更习惯以"走心""不自嗨""神文案"等偏感性的特质作为衡量文案优劣的标尺，或是以"刷屏""爆款"等结果导向的特质作为终极目标，对逻辑这样的"底层架构"却较为漠视。但在我们撰写产品文案、策划软文、追求转化率的路上，逻辑的作用却是极其重要的。

许多文案新手甚至资深文案工作者，都容易陷入一些基本的逻辑漏洞中，比如洋洋洒洒写了一堆理由，却忘记花点笔墨总结几条结论，给不出足够有力、强关联的支撑。这样的文案，即便戳中了消费者的痛点，即便走了心，也不能成为消费者购买你的产品或服务的理由。

那么，在文案的写作中，有哪些技巧可以帮我们在大脑中铸就咬合紧密的逻辑链条，帮助我们写出更有说服力的文案呢？下面 4 个方法或许可以帮助你。

1. 理清逻辑的 3 个要点

并不是在所有的沟通中都必须用到逻辑，比如当我们和朋友闲谈、倾诉情感，或者单纯地交换信息时，逻辑就没那么重要了。但是，一旦你需要得出"结论"，你就必须保证语言具有逻辑性，而有逻辑性的语言有三个要点：有结论，有理由，结论和理由有联结。

文案的本质，是与受众的沟通，无论你传递了什么信息，都必须让受众知道你的结论是什么,并且给出支撑你结论的强有力的理由。

举个例子,在很多人看来,许舜英的文案有着浓浓的意识流风格。然而意识流只是她遣词造句方面的强烈个人风格,仔细分析她的文案,就会发现,她的逻辑一点也不意识流,甚至可以称得上逻辑性很强。比如下面这段为 Stella Luna 女鞋撰写的文案:

> 设计师的创作不过是一幅美丽的遐想,如果缺少三维空间的诠释能力
>
> 鞋跟高度只是虚荣的数字,了解人体工学和航天力学才能成功制造一种性感
>
> 没有经过细腻的几何逻辑推演,再迷人的线条也无法结构出流动的魅力
>
> 只有不断实验材质与配色的新的可能性,才能说出更进化的美学语言
>
> 真正让女人沉溺的,绝不只是鞋子的外表,还有一种穿上了就不想脱下的欲望
>
> 是热情是知识是细节是极致工艺精神,让一双鞋子拥有了时尚的灵魂

这段文案的标题是"工艺是时尚的灵魂",它也是这段文案想要传递的核心观点:时尚不仅是外表,更是隐藏在外表下的工艺,Stella Luna 的鞋子工艺极佳,这是这段文案为受众归纳的"结论",而其中的每一句文案,都是支撑这个结论的理由,同时,每一句文案的前半段和后半段之间都有着强逻辑联结。

比如"三维空间的诠释能力"是设计师的创作不沦为遐想的必

要条件，同样，"人体工学和航天力学""几何逻辑推演"，则是鞋跟高度够性感和线条有魅力的必要条件。

许舜英没有堆砌描绘材质的形容词，而是通过缜密的逻辑，将"三维空间""人体工学""航天力学""几何逻辑"等理工科范畴的术语，组合为高跟鞋的性感背后的理由，从而凸显出工艺对时尚的意义。

有了结论和理由，关键是要将它们联结起来。联结结论和理由有两种方法：归纳法和演绎法。

1）归纳法（并列型）

归纳法是并列几个不同的事实，从这些事实中找出共通点，从而得出结论的方法。比如通过"丹尼尔身高1.8米""有八块腹肌和人鱼线""五官立体如同大理石雕像"，得出结论"丹尼尔是一个英俊的男人"，这就是归纳法，前面的三个理由是并列的关系。

2）演绎法（串联型）

演绎法是将某个事实和与其相对应的某个规律（决定、一般常识、法规等）进行组合，从而得出结论的方法。比如"演员会演戏"，"吴彦祖是演员"，结论是"吴彦祖会演戏"。

在具体的写作中，由于演绎法一般而言会更加烦琐，所以在关键层次上应尽量避免使用，而应更多地使用归纳法。即使要使用演绎法，推理步骤也应该控制在四个之内，而结论不要超过两个，不然就会过于复杂，让理解的难度大大增加。

理解了逻辑的三个要点和联结方法之后，还特别需要注意避免出现理由不当的三种情况，这是导致文案没有说服力的重要原因。

第一种情况是，用个人主观的看法或感觉作为理由。比如"我很期待这款新手机，它这次一定能实现销量翻番"，这就是一句非常没有说服力的文案，因为它是以缺乏依据的个人看法、感觉作为理由的，这在逻辑上是不成立的。

第二种情况是，将表达过的意思换个说法作为理由，其实表达的是重复的意思。比如"因为你还没有拥有这款手机，所以你应该购买这款手机"，这种情况听上去很滑稽，但是注意观察你就会发现，这种文案或对话在日常生活中是比较常见的。

第三种情况是，因果关系含混不清，或者逻辑关系过于跳跃。比如"这款手机拥有×G超大内存，是送给女友的绝佳礼物"这句文案，就因为因果关系不清晰而让人困惑，如果再写清楚一些，"这款手机拥有×G超大内存，可以装下×张照片，是送给热爱自拍的女友的绝佳礼物"，将逻辑链条补足，就会更有说服力。

2. 用金字塔图梳理逻辑

金字塔图是麦肯锡公司常用的一种写作工具。它的理论依据是人的大脑会自动将发现的所有事物以某种秩序组织起来。比如古希腊人在仰望星空的时候，看到的是由星辰组成的各种图案，如大熊星座、猎户星座，而非一堆散乱的星辰。

金字塔图可以帮助我们梳理层次、突出重点，让文案变得更加清晰易懂。那么，应该如何正确地使用金字塔图呢？

1）把最想传递的信息作为结论

许多人在汇报工作时，在展示了PPT后，都会被上司反问："所以你的结论是什么？"许多人并不缺乏收集、整理信息的能力，却欠缺提炼、归纳的能力。但是听众、用户需要的恰恰是听到一个较为简单明晰的结论。

金字塔形的文案会将重要的观点/结论放在顶端，思路逐步往下展开，以便于理解，防止受众在接收信息的过程中产生焦躁感，从而放弃听到最重要的结论。

2）至少找到3个理由作为支撑

你至少应该找到3个支撑结论的理由，由它们来构成金字塔的基座。通常情况下，如果只有1到2个理由，说服力会大打折扣，但理由的数量一旦超过了7个，受众就很难记住。这种金字塔图论证结构如图9-1所示。

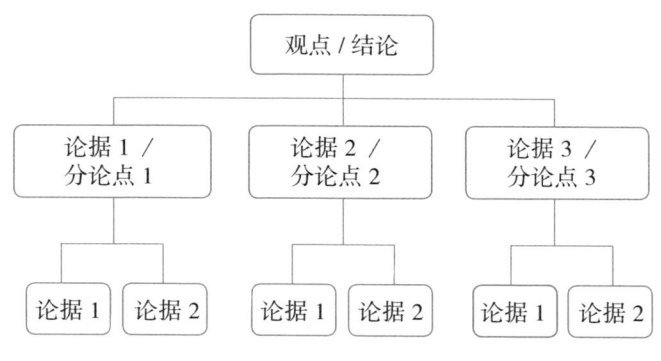

图9-1　金字塔图论证结构

比如，你现在要用金字塔图推广一款手机，首先你要归纳出你最想向受众传递的信息，也就是你的结论，最好是一句话。

以最近发布的小米 6 手机为例，用金字塔图思维来对它的宣传逻辑进行分析，它的口号是"性能怪兽"，主要用 3 个理由来支撑这个结论，分别是处理器、屏幕、摄像头，而对于这 3 个理由中的每一个，又用了一层二级理由来进行说明，形成一个逻辑清晰的金字塔图，如图 9-2 所示。

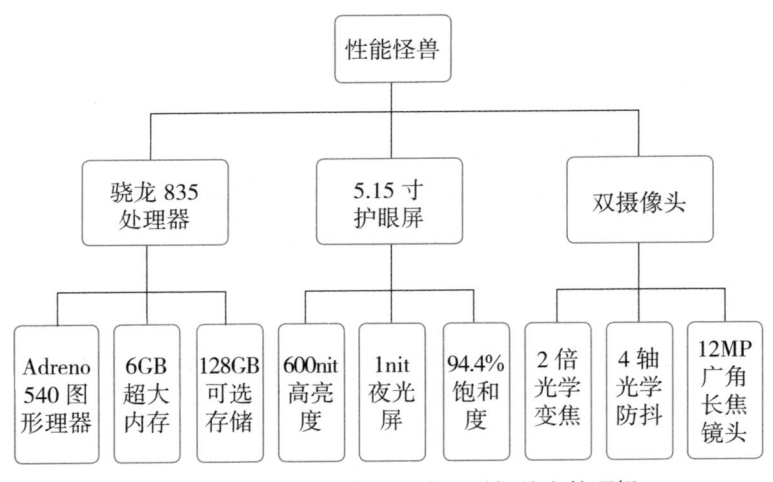

```
                    性能怪兽
           ┌───────────┼───────────┐
      骁龙835        5.15寸         双摄像头
      处理器         护眼屏
      ┌──┬──┐      ┌──┬──┐       ┌──┬──┐
   Adreno 6GB 128GB 600nit 1nit 94.4% 2倍 4轴 12MP
   540图  超大 可选  高亮  夜光 饱和 光学 光学 广角
   形理器 内存 存储  度    屏   度   变焦 防抖 长焦
                                              镜头
```

图 9-2 用金字塔图梳理小米 6 手机的宣传逻辑

3）让信息在受众脑中打包、装箱

并不是理由越多，说服力就越强，有时候理由太多反而会导致受众听起来很吃力。当你准备了足够多、足够充分的理由之后，你还需要将它们归纳成组，让受众在接受的过程中更加明白。你要尽可能地整合相似的信息，分成 3 组左右之后再进行讲述。

Chapter 9　逻辑力：文案的底层架构　　183

这样的过程就好像你在将理由进行打包、装箱，把你的信息分门别类地装进去，让受众可以一目了然地识别、接受。

3. 数据更让人信服

什么样的理由最具有说服力？用数据作为理由是最容易让人信服的。比如"销量全国领先"，就不如"中国每卖出 10 罐凉茶，就有 7 罐是加多宝"具有说服力；"超大容量"，就不如"将 1000 首歌放进你的口袋"更能打动消费者。

比如许舜英为 Stella Luna 女鞋撰写的另外两组文案：

> 多国医疗研究指出，雄性动物看见穿着 Stella Luna 的女人平均心跳高达每分钟 130 次。

> 科学家发现，一双 Stella Luna 所吸引的眼球数量可绕地球 20 圈。

视频网站 YouTube 描述其视频播放的时长，也用了同样的方法：

> 用户每天在平台上观看视频的时长达 10 亿小时，如果连续观看 10 亿小时的视频，大约需要 10 万年时间，用光速旅行的话，可以从银河系的一端飞至另一端。

当然，并不是只要文案中使用了数据，就能更有说服力。在不同的情况下，数据的使用要配合不同的技巧。

比如，某个产品去年的销售额是 30 万元，今年是 90 万元，如果我们写"一年内销售额增加 60 万元"，显然并没有太大吸引力，但是换种表达方式，"一年内，销量增加 200%"，给受众的感受就会完全不同。

逻辑对文案的重要性不言而喻，然而那些"刷屏"的文案却不一定都是有逻辑的文案，很多时候，情况恰恰相反。对情绪的煽动、对人性弱点的利用，是那一类文案受到追捧的原因。然而，对于那些主要诉求是达成转化而非品牌宣传的文案而言，逻辑清晰不仅是一种基本要求，更是一种必备利器。

我 的 心得笔记

Chapter 10

改稿这件小事

"改稿"这件事,就像一柄悬在文案工作者头顶的"达摩克利斯之剑"。大部分时候,一句"再改改",就能轻易戳破我们膨胀的信心。

"改稿"这件事,就像一柄悬在文案工作者头顶的"达摩克利斯之剑"。我们费尽心力砌出文字的城堡,将它雕琢至自认为的完美,然后自信满满地递交作品等待验收。很不幸,大部分时候,客户的一句"再改改",就能轻易戳破我们膨胀的信心。

改稿消耗我们的精力和信心,消耗我们对工作的热情。可以说,对文案工作者而言,"一稿过"三个字的动听程度堪比"我爱你"。

想要文案"一稿过",就得让审稿的人开心,而人只有在结果满足了期待甚至超过了期待时才会开心。本章试图从文字写作技巧和读者心理的角度,帮助大家提高写出"一稿过"文案的概率。

1. AB 测试:用产品思维写文案

AB Test(AB 测试)是产品研发、广告投放等领域的一个常用策略。当产品有一个新功能要上线时,会制作 A、B 两个版本(也可以更多),让用户进行使用并收集他们的反馈,判断哪一个版本更受用户欢迎,更受欢迎的版本才能正式上线。

在广告投放领域也一样,广告主先小范围地投放至少 A、B 两个不同版本的内容(可能在图片颜色、标题上有差异),随后测试哪个版本的点击率、转化率更高,再对这个更受欢迎的版本进行更大范围的投放。

简单来说,AB 测试是一种降低风险、提升用户体验的有效方法。如果在文案的写作中,也拥有 AB 测试的思维,那么"一稿过"的概率也会大大提升。为同一个新产品写几句不同方向的宣传语、为一篇软文撰写几个不同方向的提纲、为同一篇文章写几个标题，它们可能会花掉我们更多的写作时间，却可以节省下来更多的沟通和改稿时间。

比如，你要为一款健身App撰写一句文案，目标是激发用户健身的欲望，你会怎么写？想要过稿容易，就得让自己困难一些，我们不妨从多个角度进行撰写，用AB测试的方式提升过稿率。

A文案
　　肥胖是你最不合身的一件衣裳，快来健身房脱掉它。

（角度：用户对肥胖的厌恶）

B文案
　　面对镜子叹气，不如在跑步机上喘气。

（角度：用户的生活小场景）

C文案
　　去健身房2个月，收到男神200条微信。

（角度：用故事描绘美好未来）

把这样A、B、C三则文案同时摆到客户面前，就算没有100%满意的，至少能让对方选择一个较为接近理想目标的方向。文案工作者必须清楚，在实际的工作中，与客户的交流中其实存在一个试错的过程，与其抱怨，不如学会聪明地投石问路，给客户做个 AB 测试，避免在反复的毙稿、沟通、改稿、抱怨中浪费光阴。

2. 寻找背书：让洞察搭便车

洞察的重要性已经无须赘言，它不是文案工作者应该追求的，而是必须拥有的。但在日常工作中，我们却常常陷入一种僵局：洞察就像玄学一样，似乎每个人都能提出自己的洞察，并且能自圆其说，然而大部分情况下，我们自认为的洞察，并不能服众，并不能打动客户和消费者。

这个时候，文案工作者就需要寻找背书。背书的本质是构建信任，利用一些有趣的故事、典故、历史或成功案例，告诉客户，这样做是行之有效并且在一定程度上得到过验证的，以加强他们对文案的信心。这样一来，就好像让自己的洞察、创意搭上了便车，能够更顺利地驰往客户的理想目的地。

比如，要你为一款主打功能是"记笔记"的 App 起一个名字，你会怎么起？

笔记软件 Evernote 的中文名叫"印象笔记"，它的标志是一头大象的头部。可以想象，如果你拿着"印象笔记"这个名字去给客户进行提案时，他们一定皱着眉头问，这个名字到底好在哪里？

然后你告诉他们，在美国有一个说法：An elephant never forgets（大象永远不会忘记事情）。大象是一种记忆力惊人的动物，而这款叫"印象笔记"的笔记软件会帮助用户记录工作、生活，成为他们记忆力的延伸。

试想一下，当你面对客户"这个名字到底好在哪里"这句询问时，说不出接下来的那一席话，只能说出类似"这个名字容易被用户记住"这类空洞的、毫无依据的理由，那打动客户的概率就会非常低。

我 的 心 得 笔 记

结语 Conclusion

别耍廉价的花招 别偷懒

一流的写作者对待文字的态度，是偏执、强硬的，像研究数学一样追求精密，在不断的自我推翻中练就上乘的手艺与直觉。

一流的写作者怎样对待自己的文字？

海明威把《永别了，武器》的结尾改了 39 次，只为了找到准确的词。

村上春树一般花六个月写完小说的第一稿，再花七八个月进行修改。

雷蒙德·卡佛的小说初稿如果有 40 页，当他修改完后通常只剩下 20 页。

福楼拜告诉莫泊桑：对你想表达的意思，只有一个词是最贴切的，不可能有第二个，一定要找到它。

这是一流的写作者对待文字的态度，偏执，强硬，像研究数学一样追求精密，在不断的自我推翻中练就上乘的手艺与直觉。

清醒的写作者们都明白，灵感的闪现听上去又酷又浪漫，但将它恰如其分地表达出来则需要浩大、烦琐的工程。对文案工作者而言，扎实的文字功力和灵感、洞察同样重要。

文案写作就像一场长跑，大多数时候，它让你疲惫、气喘吁吁、情绪不稳定，在这个过程中，你最需要战胜的人，就是你自己。

不依赖于灵感、状态，在任何状态下都能写出像样的文字，是文案工作者需要培养的职业素养。

罗伯特·麦基在《故事》里写道："只有天才而没有手艺，就像只有燃料而没有引擎一样。它能像野火一样爆裂燃烧，但结果却是徒劳无功。"而情绪稳定、精力充沛和精湛的手艺同样重要，对文案工作者更是如此。

唯有如此,你才能在充满压力,甚至机械化的工作中,不断产出优质的文案,赢得这场文案写作"长跑"的胜利。

在文案写作的"长跑"之路上,布满了沼泽和雷区,希望这本书能成为你随身携带的一本生存指南,帮助你穿越路上的坎坷,离目标越来越近。

我 的 心 得 笔 记